I0427208

Stefan Stelzhammer

**Gemeinsam zum Erfolg
- Wirtschaftsmediation**

Copyright © [2024]
[Stefan Stelzhammer]

Alle Rechte vorbehalten.

Die Rechte des hier dargestellten Buches liegen ausschließlich beim Verfasser. Eine Verwendung oder Verarbeitung des Textes ist untersagt und bedarf in Ausnahmefällen einer klaren Zustimmung des Verfassers.

ISBN: 9798878412100

INHALT

Vorwort

Als Mediator habe ich mich auf die Vermittlung von Konflikten spezialisiert. Mein Ziel ist es, eine Win-Win-Situation für alle Beteiligten zu schaffen und langfristige Lösungen zu finden.

In meiner Arbeit als Mediator setze ich auf Empathie und Verständnis für beide Seiten. Ich höre aktiv zu und versuche, die Bedürfnisse aller Parteien herauszufinden. Dabei achte ich darauf, dass jeder seine Perspektive darlegen kann und sich gehört fühlt.

Durch gezielte Fragen bringe ich Klarheit in den Konfliktverlauf und erarbeite gemeinsam mit den Beteiligten mögliche Lösungsansätze. Hierbei lege ich großen Wert darauf, dass diese realistisch umsetzbar sind.

Meine Erfahrung zeigt mir immer wieder: Eine erfolgreiche Konfliktlösung basiert auf einer offenen Kommunikation sowie dem Willen beider Seiten zur Zusammenarbeit.

Da ich, neben meiner Tätigkeit als Mediator auch fertigausgebildeter und erfahrener Versicherungs- und Vermögensberater bin, kann ich Ihnen in jeder Lebenslage unterstützend zur Seite stehen.

Als neutraler Dritter stehe ich Ihnen somit gerne und überall zur Seite - kontaktieren Sie mich einfach!

Brief an den Leser

Liebe Leserinnen und Leser,

ich freue mich, Ihnen mein neuestes Buch "Gemeinsam zum Erfolg - Wirtschaftsmediation" vorstellen zu dürfen. In diesem Brief möchte ich Ihnen einen Einblick in die Inhalte und Ziele des Buches geben.

Das Buch "Gemeinsam zum Erfolg - Wirtschaftsmediation" bietet Ihnen einen umfassenden Überblick über die Welt der Wirtschaftsmediation und zeigt Ihnen auf, wie Sie Konflikte in der Wirtschaft erfolgreich lösen können. Es ist mein Ziel, Ihnen nicht nur theoretisches Wissen zu vermitteln, sondern auch praktische Werkzeuge und Ansätze an die Hand zu geben, um Konflikte in geschäftlichen Kontexten effizient und konstruktiv zu bewältigen.

In diesem Buch werden Sie lernen, wie die transformative Kraft der Wirtschaftsmediation Ihre geschäftlichen Herausforderungen bewältigen kann. Sie werden verstehen, wie Sie Kooperation und Zusammenarbeit fördern, um eine Win-Win-Situation für alle Beteiligten zu schaffen. Darüber hinaus werden Sie erfahren, wie Sie gemeinsam Lösungen erarbeiten können, bei denen alle Seiten ihre Interessen und Bedürfnisse berücksichtigt sehen.

Wichtig ist mir, dass das Buch einer präzisen, formellen und professionellen Schreibweise folgt. Sie können klare und direkte Kommunikation erwarten, in der Fachterminologie korrekt verwendet, aber dennoch für Laien verständlich bleibt. Die Sätze sind strukturiert und der Text ist logisch gegliedert, um eine effektive und effiziente Lesbarkeit sicherzustellen.

Ich habe großen Wert darauf gelegt, dass das Buch eine sachliche und kompetente Stimme vermittelt, um Ihnen Vertrauen und Zuversicht in geschäftlichen Kontexten zu geben. Sie sollen sich auf die Informationen verlassen können, die Ihnen präsentiert werden, und sich sicher fühlen, dass Sie Lösungen finden können, die Ihrem Unternehmen langfristigen Erfolg bringen.

Ich hoffe, dass Sie aus diesem Buch wertvolle Erkenntnisse gewinnen werden, um die transformative Kraft der Wirtschaftsmediation in Ihrem geschäftlichen Umfeld einzusetzen. Seien Sie mutig und flexibel, um Konflikte anzugehen und eine Kultur der Kooperation und des gemeinsamen Erfolgs zu etablieren.

Abschließend möchte ich mich bei Ihnen für Ihre Zeit und Ihr Interesse an meinem Buch bedanken. Es war meine Absicht, Ihnen nicht nur theoretisches Wissen zu vermitteln, sondern Ihnen auch konkrete Werkzeuge und praktische Beispiele zur Verfügung zu stellen. Ich hoffe, dass dieses Buch Ihnen dabei helfen wird, Ihre Wirtschaftsmediation auf die nächste Stufe zu heben und gemeinsam mit Ihren Geschäftspartnern den Weg zum Erfolg zu gehen.

Ich wünsche Ihnen viel Erfolg bei der Nutzung der transformative Kraft der Wirtschaftsmediation und ein harmonisches und konfliktfreies Umfeld, in dem Zusammenarbeit, Innovation und Erfolg gedeihen.

Viel Spaß beim Lesen!

Ihr Stefan Stelzhammer

Einleitung

In einer Welt, in der wirtschaftliche Interessen oft zu Konflikten führen, ist es mir als Autor von "Gemeinsam zum Erfolg - Wirtschaftsmediation" von entscheidender Bedeutung, Ihnen eine effektive Methode zur Konfliktlösung zu bieten. Ich möchte Ihnen die transformative Kraft der Wirtschaftsmediation aufzeigen und Ihnen zeigen, wie Sie Konflikte auf eine kooperative und konstruktive Weise lösen können, um gemeinsam zum Erfolg zu gelangen.

In diesem Buch werden Sie eine faszinierende Reise erleben. Sie werden erkennen, wie die Wirtschaftsmediation die Zusammenarbeit zwischen den Konfliktparteien fördert, wie Sie konstruktive Lösungen erarbeiten und eine Win-Win-Situation für alle Beteiligten schaffen können.

Ich werde Ihnen die Grundlagen der Wirtschaftsmediation vermitteln und Ihnen zeigen, wie Sie diese in verschiedenen Bereichen der Wirtschaft erfolgreich einsetzen können, sei es bei Verhandlungen, Vertragsstreitigkeiten oder bei der Geschäftsentwicklung. Sie werden verstehen, wie Sie als Mediator eine sichere und unterstützende Umgebung schaffen können, um eine offene Kommunikation und eine wirksame Konfliktlösung zu ermöglichen.

Praxisnahe Fallbeispiele, bewährte Verhandlungstechniken und kompetente Ratschläge werden Ihnen helfen, die Herausforderungen der Geschäftswelt zu meistern und ein harmonisches und konfliktfreies Umfeld für den Erfolg Ihres Unternehmens zu schaffen.

Erfahren Sie, wie Sie die transformative Kraft der Wirtschaftsmediation nutzen können, um außergewöhnliche Ergebnisse zu erzielen, Beziehungen zu stärken und langfristigen Erfolg zu sichern. Lassen Sie sich von den Erfahrungen anderer motivieren und entwickeln Sie Ihre Fähigkeiten als Mediator, um Konflikte in wirtschaftlichen Situationen erfolgreich zu lösen.

"Gemeinsam zum Erfolg" - das ist das Ziel dieses Buches. Ich lade Sie ein, die Wirtschaftsmediation als Instrument für eine effektive Konfliktlösung in Ihrem Unternehmen zu nutzen und durch kooperative Zusammenarbeit auf eine neue Ebene des Erfolgs zu gelangen.

Gehen wir gemeinsam den Weg zum Erfolg durch Wirtschaftsmediation und nehmen Sie dieses Buch als Ihren Wegweiser. Entdecken Sie die unvorstellbaren Möglichkeiten, die sich bieten, wenn Konflikte in der Wirtschaft als Chancen betrachtet und durch Gemeinschaftlichkeit überwunden werden.

Bereiten Sie sich darauf vor, von dieser einzigartigen Methode zur Konfliktlösung zu profitieren und Ihr Unternehmen mit Hilfe der Wirtschaftsmediation gemeinsam zum Erfolg zu führen. Lassen Sie uns gemeinsam den Weg zum harmonischen und erfolgreichen Wirtschaftsumfeld gehen.

Einführung

Die Bedeutung der Wirtschaftsmediation für Unternehmen liegt in ihrer Fähigkeit, effektive Lösungen für Konflikte und Streitigkeiten zu finden. Wirtschaftsmediation ist ein strukturiertes Verfahren, das darauf abzielt, Parteien in Konfliktsituationen zu unterstützen und zu einer Win-Win-Lösung zu gelangen. Durch die Einbeziehung einer neutralen und unparteiischen dritten Person, des Mediators, können Unternehmen Konflikte auf professionelle und faire Weise angehen.

Eine der Hauptvorteile der Wirtschaftsmediation besteht darin, dass sie den Unternehmen Zeit, Geld und Ressourcen spart. Statt kostspielige Gerichtsverfahren zu durchlaufen, können Unternehmen Konflikte durch Mediation schneller und kostengünstiger beilegen. Zudem ermöglicht die Mediation den Parteien, die Kontrolle über den Lösungsprozess zu behalten und die Ergebnisse selbst zu gestalten.

Darüber hinaus fördert die Wirtschaftsmediation auch die Beziehung zwischen den Konfliktparteien. Indem sie eine sichere und vertrauliche Umgebung schafft, ermöglicht sie den Parteien offen und ehrlich miteinander zu kommunizieren. Dies trägt dazu bei, Missverständnisse zu klären, Vorurteile abzubauen und langfristige Zusammenarbeit zu fördern. Durch die Beseitigung von Spannungen und Streitigkeiten können Unternehmen ihre Ressourcen auf die eigentlichen Geschäftsaktivitäten konzentrieren und eine positive Arbeitsumgebung schaffen.

Insgesamt kann die Wirtschaftsmediation also dazu beitragen, Konflikte in Unternehmen effektiv zu lösen, Kosten zu senken, die Beziehungen zwischen den Parteien zu stärken und das Arbeitsklima zu verbessern. Angesichts der zunehmenden Komplexität und Dynamik des heutigen Geschäftsumfelds ist die Fähigkeit, Konflikte effektiv zu managen, ein wertvolles Werkzeug, um Wettbewerbsvorteile zu erlangen und langfristig erfolgreich zu sein.

Die Auswirkungen von Konflikten in der Wirtschaft

Konflikte in der Wirtschaft haben weitreichende Auswirkungen auf Unternehmen. Sie können die Effizienz und Produktivität beeinträchtigen, die Arbeitsbeziehungen belasten und letztendlich den Erfolg des Unternehmens gefährden. Konflikte können in verschiedenen Bereichen auftreten, sei es zwischen Mitarbeitern, Teams, Abteilungen oder sogar mit externen Partnern oder Kunden.

Eine direkte Auswirkung von Konflikten ist, dass sie die Arbeitsatmosphäre negativ beeinflussen können. Es entstehen Spannungen, Misstrauen und eine generelle Unzufriedenheit im Team. Dies führt zu einer reduzierten Teamarbeit und einer verringerten Motivation der Mitarbeiter, was sich wiederum auf die Produktivität auswirkt. Konflikte können auch zu erhöhten Fehlzeiten und einer höheren Mitarbeiterfluktuation führen, da die Unzufriedenheit zu einem gesteigerten Wunsch nach einem Arbeitsplatzwechsel führt.

Darüber hinaus können Konflikte auch das Image und den Ruf eines Unternehmens beeinträchtigen. Kunden und Geschäftspartner können von Konflikten erfahren und dies als negative Signal für die Professionalität und Zuverlässigkeit des Unternehmens betrachten. Wenn Konflikte öffentlich werden, kann dies zu einem Vertrauensverlust führen und langfristig das Geschäft beeinträchtigen.

Ein weiterer Aspekt ist der Kostenfaktor. Konflikte erfordern oft zusätzliche Ressourcen und Zeit zur Lösung. Dies können Anwaltskosten, Verzögerungen in Projekten oder Produktionsausfälle sein. Unternehmen müssen also nicht nur die direkten Kosten der Streitbeilegung berücksichtigen, sondern auch die indirekten Kosten, die durch die Beeinträchtigung der normalen Geschäftsabläufe entstehen.

Es ist daher von entscheidender Bedeutung, Konflikte in der Wirtschaft frühzeitig anzugehen und die richtigen Lösungsansätze zu finden, um ihre Auswirkungen zu minimieren. Durch die Förderung einer offenen Kommunikation, einer Unternehmenskultur, die Konflikte als normale Herausforderungen betrachtet, und der Bereitstellung von Konfliktlösungsmechanismen wie Mediation oder Konfliktmanagement-Trainings können Unternehmen die negativen Auswirkungen von Konflikten eindämmen und ein gesundes Arbeitsumfeld schaffen.

Vorteile und Chancen

Die Wirtschaftsmediation bietet Unternehmen eine Vielzahl von Vorteilen und Chancen bei der Bewältigung von Konflikten. Erstens ermöglicht die Mediation den Parteien, selbstbestimmte und maßgeschneiderte Lösungen zu finden. Im Gegensatz zu gerichtlichen Verfahren, bei denen ein Richter oder eine Jury die endgültige Entscheidung trifft, haben die Konfliktparteien bei der Mediation die Kontrolle über den Ausgang des Konflikts. Dies ermöglicht kreative Lösungen, die den Interessen und Bedürfnissen beider Parteien gerecht werden können.

Ein weiterer Vorteil der Wirtschaftsmediation ist, dass sie Zeit und Kosten sparen kann. Im Vergleich zu langwierigen Gerichtsverfahren ist die Mediation in der Regel schneller und kostengünstiger. Die Parteien können ihren eigenen Zeitplan festlegen und müssen nicht auf den Zeitplan des Gerichts warten. Darüber hinaus können Anwaltskosten und andere Kosten vermieden werden, die mit gerichtlichen Verfahren verbunden sind. Dies ist insbesondere für kleine und mittlere Unternehmen von Vorteil, die möglicherweise nicht über die Ressourcen verfügen, um langwierige Rechtsstreitigkeiten zu führen.

Ein weiterer Aspekt ist, dass die Wirtschaftsmediation die Geschäftsbeziehungen langfristig verbessern kann. Durch den Einsatz von Mediation können Konflikte in einer kooperativen und konstruktiven Weise angegangen werden, was dazu beiträgt, Spannungen abzubauen und das Vertrauen zwischen den Parteien wiederherzustellen. Dies fördert eine bessere Zusammenarbeit und langfristige Partnerschaften.

Darüber hinaus ermöglicht die Wirtschaftsmediation auch die Aufrechterhaltung des Geschäftsflusses während des Konfliktlösungsprozesses. Im Gegensatz zu gerichtlichen Verfahren, bei denen das Geschäft oft zum Stillstand kommt, kann die Mediation parallel zu den normalen Geschäftsaktivitäten stattfinden. Dies hilft Unternehmen, die Kontinuität und Stabilität ihres Betriebs aufrechtzuerhalten und negative Auswirkungen auf Umsatz und Ruf zu minimieren.

Zusammenfassend bieten die Wirtschaftsmediation eine Reihe von Vorteilen und Chancen für Unternehmen, einschließlich selbstbestimmter Lösungen, Zeit- und Kostenersparnissen, verbesserten Geschäftsbeziehungen und Aufrechterhaltung des Geschäftsflusses. Durch die Nutzung der Mediation als Konfliktlösungsansatz können Unternehmen eine professionelle und effektive Methode einsetzen, um Konflikte zu bewältigen und langfristige positive Ergebnisse zu erzielen.

Wirtschaftsmediation verstehen

Wirtschaftsmediation ist ein strukturiertes Verfahren zur alternativen Konfliktlösung, das Unternehmen bei der Bewältigung von Konflikten unterstützt. Dabei handelt es sich um einen informellen Prozess, bei dem eine neutrale und unparteiische dritte Person, der Mediator, die Konfliktparteien dabei unterstützt, eine Win-Win-Lösung zu finden. Im Gegensatz zu gerichtlichen Auseinandersetzungen, bei denen ein Urteil erzwungen wird, ermöglicht die Mediation den Parteien, ihren eigenen Lösungsweg zu gestalten.

Die Wirtschaftsmediation legt großen Wert auf die offene und konstruktive Kommunikation zwischen den Parteien. Der Mediator schafft eine sichere Umgebung, in der die Parteien ihre Anliegen, Bedürfnisse und Interessen offen äußern können. Der Fokus liegt dabei nicht auf der Schuldzuweisung, sondern darauf, gemeinsame Punkte zu identifizieren und Lösungen zu entwickeln, die für alle Beteiligten akzeptabel sind.

Wirtschaftsmediation kann in einer Vielzahl von Konfliktsituationen eingesetzt werden, einschließlich Vertragsstreitigkeiten, Arbeitskonflikten, sowie Differenzen zwischen Unternehmen und ihren Kunden oder Geschäftspartnern. Sie bietet den Parteien die Möglichkeit, den Konflikt außergerichtlich und auf kooperative Weise zu lösen, was oft zu besseren Ergebnissen führt.

Das Mediationsverfahren beginnt in der Regel mit einer Vorbereitungsphase, in der der Mediator und die Parteien ihre Erwartungen und Ziele klären. Anschließend folgt die eigentliche Mediationssitzung, bei der die Parteien die Möglichkeit haben, ihre Perspektive darzustellen, gemeinsam Lösungen zu erarbeiten und letztendlich eine Einigung zu erzielen. Die Mediation endet mit einem schriftlichen Vertrag, in dem die getroffenen Vereinbarungen festgehalten werden.

Insgesamt betrachtet, ist die Wirtschaftsmediation ein effektives Instrument, um Konflikte in Unternehmen zu lösen. Sie fördert die Zusammenarbeit, ermöglicht maßgeschneiderte Lösungen und bietet den Parteien eine höhere Kontrolle über den Prozess.

Durch die Vermeidung langwieriger und kostenintensiver Gerichtsverfahren trägt die Mediation zur effizienten Konfliktlösung in einem geschäftlichen Kontext bei.

Definition und Grundprinzipien

Wirtschaftsmediation ist ein strukturiertes Verfahren zur alternativen Konfliktlösung, das Unternehmen bei der Bewältigung von Konflikten unterstützt. Dabei handelt es sich um einen informellen Prozess, bei dem eine neutrale und unparteiische dritte Person, der Mediator, die Konfliktparteien dabei unterstützt, eine Win-Win-Lösung zu finden. Im Gegensatz zu gerichtlichen Auseinandersetzungen, bei denen ein Urteil erzwungen wird, ermöglicht die Mediation den Parteien, ihren eigenen Lösungsweg zu gestalten.

Die Wirtschaftsmediation legt großen Wert auf die offene und konstruktive Kommunikation zwischen den Parteien. Der Mediator schafft eine sichere Umgebung, in der die Parteien ihre Anliegen, Bedürfnisse und Interessen offen äußern können. Der Fokus liegt dabei nicht auf der Schuldzuweisung, sondern darauf, gemeinsame Punkte zu identifizieren und Lösungen zu entwickeln, die für alle Beteiligten akzeptabel sind.

Wirtschaftsmediation kann in einer Vielzahl von Konfliktsituationen eingesetzt werden, einschließlich Vertragsstreitigkeiten, Arbeitskonflikten, sowie Differenzen zwischen Unternehmen und ihren Kunden oder Geschäftspartnern. Sie bietet den Parteien die Möglichkeit, den Konflikt außergerichtlich und auf kooperative Weise zu lösen, was oft zu besseren Ergebnissen führt.

Das Mediationsverfahren beginnt in der Regel mit einer Vorbereitungsphase, in der der Mediator und die Parteien ihre Erwartungen und Ziele klären. Anschließend folgt die eigentliche Mediationssitzung, bei der die Parteien die Möglichkeit haben, ihre Perspektive darzustellen, gemeinsam Lösungen zu erarbeiten und letztendlich eine Einigung zu erzielen. Die Mediation endet mit einem schriftlichen Vertrag, in dem die getroffenen Vereinbarungen festgehalten werden.

Insgesamt betrachtet, ist die Wirtschaftsmediation ein effektives Instrument, um Konflikte in Unternehmen zu lösen. Sie fördert die Zusammenarbeit, ermöglicht maßgeschneiderte Lösungen und bietet den Parteien eine höhere Kontrolle über den Prozess. Durch die Vermeidung langwieriger und kostenintensiver Gerichtsverfahren trägt die Mediation zur effizienten Konfliktlösung in einem geschäftlichen Kontext bei.

Die unterschiedlichen Rollen

Im Wirtschaftskontext spielt der Mediator eine zentrale Rolle bei der Unterstützung der Konfliktparteien während des Mediationsprozesses. Der Mediator ist eine neutraler und unparteiischer Dritter, der darauf abzielt, den Konflikt zu moderieren und den Parteien zu helfen, eine gemeinsame Lösung zu finden. Die Hauptaufgabe des Mediators besteht darin, eine Atmosphäre des Vertrauens und der Offenheit zu schaffen, in der die Konfliktparteien frei ihre Anliegen und Perspektiven äußern können.

Der Mediator ist dafür verantwortlich, die Kommunikation zwischen den Konfliktparteien zu erleichtern und sicherzustellen, dass diese sich gegenseitig zuhören und verstehen.

Mit Hilfe von verschiedenen Techniken lenkt der Mediator den Dialog in eine konstruktive Richtung und fördert so die Zusammenarbeit und den Konsens. Dabei bleiben Neutralität und Unparteilichkeit grundlegende Prinzipien des Mediators, um sicherzustellen, dass alle Parteien fair und gleich behandelt werden.

Die Rolle der Konfliktparteien besteht darin, aktiv am Mediationsprozess teilzunehmen. Sie haben die Verantwortung, ihre Standpunkte klar zu kommunizieren und ihre Interessen und Bedürfnisse deutlich zu machen. Die Konfliktparteien sollten bereit sein, auf die Perspektive der anderen Seite zuzuhören und Kompromisse einzugehen. Die Offenheit für neue Lösungsmöglichkeiten und die Bereitschaft, gemeinsam nach win-win-Lösungen zu suchen, sind wesentliche Elemente für einen erfolgreichen Mediationsprozess.

Es ist wichtig zu betonen, dass die Rolle des Mediators und der Konfliktparteien im Wirtschaftskontext eine proaktive Zusammenarbeit erfordert. Der Mediator bietet die Struktur und Unterstützung, um den Dialog zu erleichtern und den Konflikt zu lösen, während die Konfliktparteien die Verantwortung tragen, aktiv und kooperativ am Prozess teilzunehmen. Durch diese Zusammenarbeit können die Parteien den Mediationsprozess effektiv nutzen und gemeinsam zu einer konstruktiven Lösung gelangen.

Die Unterschiede zur rechtlichen Konfliktlösung

Die Wirtschaftsmediation unterscheidet sich von der rechtlichen Konfliktlösung in verschiedenen Aspekten. Während die rechtliche Konfliktlösung von einem Richter oder einer Jury entschieden wird, basiert die Mediation auf der Zusammenarbeit und Eigenverantwortung der Konfliktparteien. Im Gegensatz zur rechtlichen Konfliktlösung, bei der ein "Gewinner" und ein "Verlierer" festgelegt werden, strebt die Mediation eine Win-Win-Lösung an, bei der beide Parteien von der Einigung profitieren.

Ein weiterer Unterschied besteht darin, dass die Mediation vertraulich ist, während gerichtliche Verfahren in der Regel öffentlich zugänglich sind. Die Vertraulichkeit der Mediation ermöglicht es den Parteien, ohne Angst vor negativen Konsequenzen wie Reputationsschäden oder weiteren rechtlichen Konsequenzen offen und ehrlich zu kommunizieren. Dies kann zu einem besseren Verständnis der Interessen und Bedürfnisse der Parteien führen und den Weg für konstruktive Lösungen ebnen.

Darüber hinaus bietet die Wirtschaftsmediation den Parteien mehr Flexibilität und Kontrolle über den Lösungsprozess im Vergleich zu gerichtlichen Verfahren. Die Parteien können den Zeitplan, den Ort und den Umfang des Mediationsverfahrens selbst bestimmen. Sie haben die Möglichkeit, kreative Lösungen zu entwickeln, die ihren spezifischen Bedürfnissen und Interessen gerecht werden, anstatt sich auf eine standardisierte Urteilsentscheidung zu verlassen.

Ein weiterer wichtiger Unterschied ist, dass die Mediation oft kostengünstiger und zeitsparender ist als gerichtliche Verfahren. Gerichtsverfahren können langwierig sein und hohe Kosten für Anwälte, Gerichtsgebühren und andere Ausgaben verursachen. Die Mediation hingegen ermöglicht es den Parteien, die Kosten und den Zeitaufwand für Rechtsstreitigkeiten zu reduzieren und die Ressourcen auf die eigentliche Lösung des Konflikts zu konzentrieren.

Zusammenfassend lässt sich sagen, dass die Wirtschaftsmediation im Vergleich zur rechtlichen Konfliktlösung eine alternative und oft effektivere Methode darstellt. Sie zeichnet sich durch Kooperation, Vertraulichkeit, Flexibilität und Kostenersparnis aus. Durch die Überwindung der Konfliktlösung allein durch rechtliche Mittel bietet die Mediation den Parteien die Möglichkeit, kreative und nachhaltige Lösungen zu finden, die ihre individuellen Interessen und Bedürfnisse berücksichtigen.

Die Vorteile der Wirtschaftsmediation

Die Wirtschaftsmediation bietet zahlreiche Vorteile für Unternehmen und Organisationen im geschäftlichen Kontext. Der erste wesentliche Vorteil besteht darin, dass Mediation in Konfliktsituationen eine schnelle und effiziente Lösung ermöglicht. Im Vergleich zu rechtlichen Streitigkeiten, die oft viel Zeit und Ressourcen in Anspruch nehmen, kann die Mediation zu einer deutlich schnelleren Konfliktlösung führen, was für den Geschäftsbetrieb von großer Bedeutung ist.

Ein weiterer Vorteil der Wirtschaftsmediation liegt in ihrer Vertraulichkeit. Mediationssitzungen finden in einem vertraulichen Rahmen statt, was den Beteiligten ermöglicht, offen über ihre Anliegen und Bedürfnisse zu sprechen, ohne Angst vor negativen Konsequenzen zu haben. Dies fördert eine offene und ehrliche Kommunikation, die wiederum zu einer besseren Lösungsfindung führen kann.

Ein weiterer Vorteil der Mediation ist ihre Flexibilität. Mediatoren sind darauf spezialisiert, maßgeschneiderte Lösungen zu entwickeln, die den individuellen Bedürfnissen der Parteien gerecht werden. Im Gegensatz zu rechtlichen Verfahren, die oft auf starren rechtlichen Rahmenbedingungen basieren, können in der Mediation kreative und flexible Lösungsansätze gefunden werden. Dies ermöglicht den Parteien, Lösungen zu entwickeln, die für beide Seiten vorteilhaft sind und langfristige, nachhaltige Ergebnisse erzielen können.

Ein weiterer Vorteil der Wirtschaftsmediation liegt in ihrer Kosteneffizienz. Da die Mediation in der Regel weniger Zeit und Ressourcen in Anspruch nimmt als rechtliche Streitigkeiten, können Unternehmen erhebliche Kosten einsparen. Darüber hinaus ermöglicht die Mediation den Parteien, ihre Beziehung aufrechtzuerhalten oder sogar zu verbessern, was langfristig zu weiteren Geschäftsmöglichkeiten führen kann.

Insgesamt bietet die Wirtschaftsmediation Unternehmen eine effektive und effiziente Methode zur Konfliktlösung. Mit ihrer Vertraulichkeit, Flexibilität und Kosteneffizienz kann die Mediation dazu beitragen, Konflikte nachhaltig zu lösen und langfristig erfolgreiche Geschäftsbeziehungen zu fördern.

Es ist daher ratsam, die Möglichkeiten der Mediation in Betracht zu ziehen, wenn sich Konfliktsituationen im geschäftlichen Umfeld ergeben.

Vorteile zu anderen Konfliktlösungsansätzen

Die Wirtschaftsmediation bietet spezifische Vorteile im Vergleich zu anderen Konfliktlösungsansätzen. Ein wesentlicher Vorteil besteht darin, dass die Mediation einen nicht-adversarialen Ansatz verfolgt. Im Gegensatz zu rechtlichen Verfahren, die oft von einem "Gewinner-Verlierer" -Mentalität geprägt sind, zielt die Mediation darauf ab, eine für alle Parteien akzeptable Lösung zu finden. Dies fördert eine kooperative und konstruktive Atmosphäre, in der die Bedürfnisse und Interessen aller Parteien beachtet werden.

Ein weiterer spezifischer Vorteil der Wirtschaftsmediation liegt in ihrer Fokussierung auf die Zukunft. Mediatoren ermutigen die Parteien, sich auf die Zukunft zu konzentrieren und gemeinsame Interessen zu identifizieren, anstatt sich auf vergangene Konflikte und Streitpunkte zu konzentrieren. Dadurch können nachhaltige und langfristig erfolgreiche Lösungen entwickelt werden, die eine Grundlage für eine bessere Zusammenarbeit und Geschäftsbeziehungen schaffen.

Die Wirtschaftsmediation bietet zudem den Vorteil, dass sie parteigeführt ist. Die Entscheidungen werden von den beteiligten Parteien selbst getroffen, nicht von einem Dritten wie einem Richter.

Dies ermöglicht den Parteien, ihre Autonomie zu wahren und Lösungen zu entwickeln, die ihren individuellen Bedürfnissen gerecht werden. Dadurch steigt die Wahrscheinlichkeit einer nachhaltigen und dauerhaften Beilegung des Konflikts.

Ein weiterer spezifischer Vorteil der Wirtschaftsmediation besteht darin, dass sie eine breite Palette von Konflikten abdecken kann. Mediation kann sowohl bei Streitigkeiten zwischen Unternehmen als auch bei internen Konflikten, wie zum Beispiel zwischen Mitarbeitern oder Abteilungen, eingesetzt werden. Dies macht sie zu einem vielseitigen und flexiblen Konfliktlösungsinstrument, das in verschiedenen geschäftlichen Situationen eingesetzt werden kann.

Zusammenfassend lässt sich sagen, dass die Wirtschaftsmediation spezifische Vorteile bietet, die sie von anderen Konfliktlösungsansätzen abheben. Ihr nicht-adversarialer Charakter, die Fokussierung auf die Zukunft, die parteigeführte Entscheidungsfindung und ihre breite Anwendungsmöglichkeit machen sie zu einer attraktiven Option für Unternehmen, die nach effektiven und nachhaltigen Konfliktlösungen suchen.

Förderung der Kommunikation

Die Wirtschaftsmediation spielt eine wichtige Rolle bei der Förderung der Kommunikation und Kooperation zwischen den Parteien in einem Konflikt. Oftmals sind Kommunikationsprobleme der Auslöser für Konflikte, und die Mediation bietet einen strukturierten Raum, in dem die Parteien ihre Standpunkte offen und respektvoll austauschen können.

Der Mediator fungiert dabei als neutraler Vermittler, der die Kommunikation lenkt und sicherstellt, dass alle Parteien gehört werden. Durch diesen offenen Austausch können Missverständnisse und Vorurteile abgebaut werden, was wiederum zu einem besseren Verständnis der Standpunkte und Bedürfnisse aller Beteiligten führt.

Die Wirtschaftsmediation fördert auch die Zusammenarbeit und Kooperation zwischen den Parteien. Indem sie dazu ermutigt, gemeinsame Interessen und Ziele zu identifizieren, schafft die Mediation eine Grundlage für eine kooperative Problembehandlung. Anstatt sich auf Gegensätze und Streitpunkte zu konzentrieren, werden die Parteien ermutigt, nach kreativen Lösungen zu suchen, die für alle Beteiligten von Vorteil sind. Dadurch wird das Vertrauen zwischen den Parteien gestärkt und eine Grundlage für eine bessere Zusammenarbeit gelegt.

Ein weiterer Schwerpunkt der Wirtschaftsmediation besteht darin, Win-Win-Lösungen zu finden. Im Gegensatz zu gerichtlichen Verfahren, bei denen oft einer der Parteien verliert, strebt die Mediation eine Lösung an, die für alle Beteiligten gewinnbringend ist. Durch den gemeinsamen Austausch von Informationen und Perspektiven werden kreative Lösungen entwickelt, die den Interessen und Bedürfnissen aller Parteien gerecht werden. Diese Win-Win-Lösungen tragen dazu bei, nachhaltige und langfristig erfolgreiche Vereinbarungen zu schaffen, die einen Mehrwert für alle Beteiligten schaffen.

Zusammenfassend lässt sich sagen, dass die Wirtschaftsmediation die Kommunikation und Kooperation zwischen den Parteien fördert und dazu beiträgt, Win-Win-Lösungen in Konfliktsituationen zu finden. Durch offene Kommunikation, Zusammenarbeit und die Suche nach gemeinsamen Interessen können nachhaltige Lösungen entwickelt werden, die das Vertrauen zwischen den Parteien stärken und eine Grundlage für eine bessere Zusammenarbeit schaffen. Die Mediation ermöglicht somit eine konstruktive Konfliktlösung, die langfristig zu positiven Ergebnissen führen kann.

Kosteneffizienz und Zeitersparnis

Die Wirtschaftsmediation bietet signifikante Vorteile in Bezug auf Kosteneffizienz und Zeitersparnis im Vergleich zu anderen Konfliktlösungsansätzen. Ein wesentlicher Faktor, der dazu beiträgt, die Kosten zu reduzieren, ist die Tatsache, dass Mediation in der Regel weniger zeitaufwändig ist als rechtliche Verfahren. Die Mediation ermöglicht es den Parteien, den Ablauf und das Tempo des Verfahrens selbst zu bestimmen, anstatt auf den Zeitplan eines Gerichts angewiesen zu sein. Dadurch können Konflikte schneller gelöst werden, was dazu beiträgt, Kosten im Zusammenhang mit langwierigen gerichtlichen Verfahren zu vermeiden.

Darüber hinaus sind die Kosten für die Mediation im Allgemeinen viel niedriger als die Kosten für rechtliche Verfahren, insbesondere wenn es sich um komplexe und langwierige Streitigkeiten handelt. Anstatt Anwälte und Gerichte zu bezahlen, zahlen die Parteien nur die Gebühren des Mediators, was in der Regel deutlich geringere Kosten verursacht.

Dies ist vor allem für kleinere Unternehmen oder Organisationen von Vorteil, die möglicherweise nicht über die finanziellen Ressourcen verfügen, um längere rechtliche Verfahren zu finanzieren.

Ein weiterer Aspekt, der zur Kosteneffizienz der Mediation beiträgt, ist die Tatsache, dass die Parteien häufig eine langfristige Zusammenarbeit anstreben. Im Gegensatz zu Gerichtsverfahren, bei denen oft nur ein Urteil gefällt wird und die Beziehung zwischen den Parteien endet, zielt die Mediation darauf ab, eine Grundlage für eine bessere Zusammenarbeit zu schaffen. Dadurch können Kosten vermieden werden, die durch den Verlust von Geschäftsbeziehungen oder durch die Notwendigkeit weiterer gerichtlicher Verfahren entstehen könnten.

Zeit ist im geschäftlichen Kontext von unschätzbarem Wert. Durch die Wahl der Mediation als Konfliktlösungsansatz können Unternehmen wertvolle Zeit sparen. Mediationssitzungen können flexibler geplant werden als Gerichtsverhandlungen und können auf die Bedürfnisse und den Zeitplan der Parteien zugeschnitten werden. Dies trägt dazu bei, dass Konflikte schneller und effizienter gelöst werden können, was den Geschäftsbetrieb weniger beeinträchtigt und die Zeitressourcen der Beteiligten optimal nutzt.

Insgesamt ermöglicht die Wirtschaftsmediation eine kosteneffiziente und zeitsparende Lösung von Konflikten. Durch eine schnellere Konfliktlösung und niedrigere Kosten im Vergleich zu rechtlichen Verfahren können Unternehmen und Organisationen ihre Ressourcen effektiv nutzen und sich auf ihre Kernaktivitäten konzentrieren.

Die Wahl der Mediation als Konfliktlösungsansatz kann daher einen erheblichen Mehrwert bieten und zur Effizienz und Wettbewerbsfähigkeit eines Unternehmens beitragen.

Typische Konflikte in der Wirtschaft

In der Wirtschaft treten verschiedene Arten von Konflikten auf, die das Potenzial haben, den Geschäftsbetrieb zu beeinträchtigen. Ein häufig auftretendes Problem ist der Konflikt zwischen Mitarbeitern oder Teams. Das kann auf Meinungsverschiedenheiten, unterschiedliche Arbeitsstile oder ungelöste Konflikte zurückzuführen sein. Eine Lösung für solche Konflikte besteht darin, eine Mediationssitzung einzuberufen, in der die verschiedenen Parteien ihre Anliegen offen und respektvoll austauschen können. Der Mediator kann dabei helfen, gemeinsame Interessen und Lösungen zu identifizieren, um die Zusammenarbeit und Produktivität der Mitarbeiter zu verbessern.

Ein weiterer typischer Konflikt in der Wirtschaft ist der zwischen Lieferanten und Kunden. Dies kann auf Unstimmigkeiten bei Preisverhandlungen, Verzögerungen bei der Lieferung oder Qualitätsfragen zurückzuführen sein. Hier kann eine Mediation dazu beitragen, eine Win-Win-Lösung zu finden, die die Interessen beider Seiten berücksichtigt. Durch eine offene Kommunikation und den Austausch von Perspektiven können Lösungen entwickelt werden, die die Geschäftsbeziehung erhalten und stärken.

Konflikte zwischen Geschäftspartnern oder Joint-Venture-Partnern sind ebenfalls häufig in der Wirtschaft anzutreffen. Diese können auf unterschiedliche Strategien, Erwartungen oder Probleme bei der Vertragsausführung zurückzuführen sein. Eine Mediation bietet die Möglichkeit, diese Konflikte in einem vertraulichen und neutralen Umfeld zu lösen. Durch den Fokus auf gemeinsame Interessen und eine kooperative Problemlösung können langfristige und erfolgreiche Partnerschaften entwickelt werden.

Des Weiteren können Konflikte zwischen Arbeitgeber und Arbeitnehmer auftreten, beispielsweise in Bezug auf Arbeitsbedingungen, Vergütung oder Arbeitsplatzsicherheit. Mediation kann in solchen Fällen dazu beitragen, eine offene und konstruktive Kommunikation zwischen den Parteien zu ermöglichen und gemeinsame Ziele zu identifizieren. Indem die Bedürfnisse beider Seiten berücksichtigt werden, können Lösungen gefunden werden, die für beide Parteien akzeptabel sind und das Arbeitsverhältnis verbessern.

Zusammenfassend lässt sich sagen, dass die Wirtschaft mit einer Vielzahl von Konflikten konfrontiert ist, die das Potenzial haben, die Geschäftstätigkeit zu beeinträchtigen. Die Wirtschaftsmediation bietet eine effektive Methode, um diese Konflikte zu lösen und Win-Win-Lösungen zu finden. Durch den Einsatz von Mediation können Unternehmen Konflikte schnell und effizient angehen, um ihre Geschäftsbeziehungen zu stärken und nachhaltige Lösungen zu entwickeln, die für alle Beteiligten von Vorteil sind.

Analyse der typischen Konflikte

In Unternehmen und Organisationen treten eine Vielzahl von Konflikten auf, die von unterschiedlichen Ursachen und Ausprägungen geprägt sind. Eine häufige Art von Konflikten bezieht sich auf unterschiedliche Meinungen und Kommunikationsprobleme innerhalb der Organisation. Dies können Konflikte zwischen Mitarbeitern, Teams oder sogar verschiedenen Abteilungen sein. Aufgrund der unterschiedlichen Perspektiven und Interessen können Meinungsverschiedenheiten entstehen, die den Arbeitsablauf stören und das Arbeitsklima negativ beeinflussen. Eine Analyse solcher Konflikte kann helfen, die zugrunde liegenden Kommunikationsbarrieren zu identifizieren und geeignete Lösungsstrategien zu entwickeln, um die Kommunikation zu verbessern und konstruktive Gespräche zu fördern.

Ein weiterer typischer Konflikt in Unternehmen betrifft die Aufgaben- und Rollenverteilung innerhalb des Teams oder der Organisation. Konflikte können entstehen, wenn die Verantwortlichkeiten unklar sind, es Überschneidungen in Aufgabenbereichen gibt oder es Meinungsverschiedenheiten bezüglich der Arbeitsverteilung gibt. Durch eine gründliche Analyse dieser Konflikte können klare Rollen und Zuständigkeiten definiert werden, um Missverständnisse und Konflikte zu vermeiden. Das Erarbeiten klarer Verantwortlichkeiten und eine klare Kommunikation über Aufgaben und Projekte sind entscheidend, um solche Konflikte zu bewältigen.

Desweiteren können Konflikte entstehen, wenn es um Ressourcenverteilung und finanzielle Aspekte geht. Beispielsweise kann es Streitigkeiten über Budgets, Investitionen oder die Nutzung von gemeinsamen Ressourcen geben. Eine gründliche Analyse dieser Konflikte kann helfen, transparente und faire Entscheidungsprozesse zu schaffen, klare Richtlinien für die Ressourcenverteilung zu etablieren und eine klare Kommunikation über finanzielle Fragen sicherzustellen. Dadurch können potenzielle Konfliktpunkte frühzeitig identifiziert und mögliche Spannungen minimiert werden.

Die Analyse typischer Konflikte in Unternehmen und Organisationen umfasst auch die Betrachtung von Führungs- und Hierarchiekonflikten. Hier können Machtkämpfe, unterschiedliche Führungsstile oder Auseinandersetzungen um Entscheidungsbefugnisse auftreten. Eine Analyse dieser Konflikte kann helfen, effektive Führungsstrukturen zu etablieren, die Kommunikation und Zusammenarbeit zwischen verschiedenen Hierarchieebenen zu verbessern und klare Entscheidungsprozesse zu fördern. Eine Stärkung der Führungskompetenz und die Förderung einer offenen Kommunikationskultur sind entscheidend, um solche Konflikte zu bewältigen.

Zusammenfassend lässt sich feststellen, dass die Analyse typischer Konflikte in Unternehmen und Organisationen von großer Bedeutung ist, um geeignete Konfliktlösungsstrategien zu entwickeln.

Eine gründliche Analyse ermöglicht es, die zugrunde liegenden Ursachen von Konflikten zu identifizieren und geeignete Maßnahmen zur Verbesserung der Kommunikation, Kooperation und Konfliktprävention zu ergreifen. Durch die Entwicklung effektiver Lösungsstrategien können Unternehmen und Organisationen eine positive und produktive Arbeitsumgebung schaffen, in der Konflikte frühzeitig erkannt und konstruktiv gelöst werden können.

Die Potenziale und Möglichkeiten

Die Wirtschaftsmediation bietet ein breites Spektrum an Potenzialen und Möglichkeiten zur effektiven Konfliktlösung in Unternehmen und Organisationen. Eines der Hauptpotenziale besteht darin, dass die Mediation den Parteien die Möglichkeit bietet, ihre eigenen Lösungen zu entwickeln und selbstbestimmt zu entscheiden. Mit Unterstützung des Mediators können die Parteien ihre Interessen, Bedürfnisse und Wünsche offenlegen und gemeinsam nach maßgeschneiderten Lösungen suchen. Diese partizipative Entscheidungsfindung stärkt die Akzeptanz der Lösungen und erhöht die Wahrscheinlichkeit einer langfristigen Einigung.

Ein weiteres Potenzial der Wirtschaftsmediation besteht darin, dass sie langfristige Geschäftsbeziehungen unterstützen kann. Im Gegensatz zu rechtlichen Verfahren, die oft zu einer Verschlechterung der Beziehungen zwischen den Parteien führen können, zielt die Mediation darauf ab, die Kommunikation und Zusammenarbeit zu verbessern.

Durch die Möglichkeit einer offenen und vertraulichen Kommunikation können die Parteien ihr gegenseitiges Verständnis erhöhen und eine Grundlage für eine bessere Zusammenarbeit schaffen. Dies unterstützt die Beibehaltung oder sogar den Ausbau von Geschäftsbeziehungen, was langfristig von großem Vorteil ist.

Die Wirtschaftsmediation bietet zudem die Möglichkeit, Kreativität und Innovation in der Konfliktlösung zu fördern. Mediatoren sind darauf spezialisiert, gemeinsam mit den Parteien originelle und individuelle Lösungen zu entwickeln, die möglicherweise über traditionelle Ansätze hinausgehen. Durch den offenen Austausch von Ideen können neue und innovative Lösungen entstehen, die allen Parteien zugutekommen und langfristige positive Auswirkungen haben können.

Ein weiteres Potenzial der Wirtschaftsmediation liegt in ihrer Flexibilität und Anpassungsfähigkeit. Mediation kann in einer Vielzahl von Konfliktsituationen angewendet werden, sei es zwischen Unternehmen, Teams, einzelnen Mitarbeitern oder sogar mit Kunden oder Lieferanten. Die Mediationsverfahren können an die spezifischen Bedürfnisse und Umstände des jeweiligen Konflikts angepasst werden, was sie zu einem vielseitigen und effektiven Werkzeug macht.

Zusammenfassend lässt sich sagen, dass die Wirtschaftsmediation ein großes Potenzial zur erfolgreichen Konfliktlösung in Unternehmen und Organisationen bietet.

Sie ermöglicht selbstbestimmte Entscheidungen, unterstützt langfristige Geschäftsbeziehungen, fördert Kreativität und Innovation und passt sich den individuellen Bedürfnissen an. Die breite Anwendungsmöglichkeit der Mediation macht sie zu einem wertvollen Instrument, um Konflikte auf konstruktive und nachhaltige Weise zu bewältigen und zum Erfolg von Unternehmen beizutragen.

Fallbeispiele und Erfahrungen

Fallbeispiele und Erfahrungen aus der Praxis können dazu dienen, die Wirksamkeit und Relevanz der Wirtschaftsmediation bei der Konfliktlösung zu veranschaulichen. Ein häufiges Fallbeispiel ist der Konflikt zwischen zwei Führungskräften in einem Unternehmen.

Die Spannungen zwischen den beiden hatten Auswirkungen auf die effektive Zusammenarbeit und die Stimmung im Team. Durch die Inanspruchnahme einer Mediation konnten die beiden Führungskräfte ihre Anliegen und Interessen offen kommunizieren und gemeinsame Ziele identifizieren. Mit Unterstützung des Mediators konnten sie Lösungen entwickeln, die auf Vertrauen, Zusammenarbeit und der Verbesserung der Kommunikation basieren. Dadurch wurde das Arbeitsklima im Team erheblich verbessert, was sich wiederum auf die Leistung und den Erfolg des Unternehmens auswirkte.

Ein weiteres Fallbeispiel bezieht sich auf einen Konflikt zwischen einem Unternehmen und einem wichtigen Lieferanten. Im Rahmen einer Mediation konnten die Parteien offene und ehrliche Gespräche führen, um die Ursachen des Konflikts zu verstehen und Lösungen zu finden. Statt den Konflikt vor Gericht auszutragen, entschieden sie sich für eine kreative Lösung, die eine langfristige Zusammenarbeit und Win-Win-Ergebnisse ermöglichte. Durch die Mediation konnten sie die Beziehung zu ihrem Lieferanten stärken, die Lieferprozesse verbessern und dadurch sowohl Kosten als auch Effizienzgewinne erzielen.

Ein weiteres Beispiel ist der Konflikt innerhalb eines Teams aufgrund von Kommunikationsproblemen und unterschiedlichen Arbeitsstilen. Während der Mediationssitzungen hatten die Teammitglieder die Möglichkeit, ihre Perspektiven zu teilen und die Missverständnisse und Vorurteile zu klären. Durch den Aufbau eines besseren Verständnisses füreinander fanden sie gemeinsame Schnittmengen und entwickelten effektive Kommunikationsstrategien. Dadurch wurde das Teamwork und die Zusammenarbeit gestärkt, was zu einer erhöhten Produktivität und Zufriedenheit der Teammitglieder führte.

Diese Fallbeispiele aus der Praxis verdeutlichen die positiven Auswirkungen und das Potenzial der Wirtschaftsmediation bei der Lösung von Konflikten in Unternehmen. Sie zeigen, wie Mediation dazu beitragen kann, Beziehungen zu verbessern, Kommunikation zu fördern, Kooperation zu stärken und maßgeschneiderte Lösungen zu entwickeln.

Die Erfahrungen aus der Praxis belegen die Wirksamkeit der Mediation und die Bedeutung eines offenen und strukturierten Ansatzes bei der Bewältigung von Konflikten.

Der Mediationsprozess in der Wirtschaft

Der Mediationsprozess in der Wirtschaft besteht aus mehreren Schritten, die darauf abzielen, Konflikte auf eine strukturierte und kooperative Weise zu lösen. Der Prozess beginnt in der Regel mit der Vorbereitung, in der der Mediator die Konfliktparteien kontaktiert und Informationen über den Konflikt sammelt. Dabei werden auch die Ziele, Erwartungen und Bedenken der Parteien besprochen, um den Mediationsprozess entsprechend anzupassen.

Der nächste Schritt ist die Eröffnungsphase, in der der Mediator den Rahmen und die Grundregeln der Mediation erläutert. Dazu gehört die Erklärung der Vertraulichkeit, Neutralität und Freiwilligkeit des Prozesses. Die Parteien haben hier die Möglichkeit, ihre Perspektiven auf den Konflikt zu teilen und ihre Anliegen und Bedürfnisse zu äußern.

Im Hauptteil des Mediationsprozesses werden die verschiedenen Konfliktpunkte detailliert besprochen. Der Mediator lenkt und unterstützt die Kommunikation zwischen den Parteien, indem er das Thema strukturiert und sicherstellt, dass alle Parteien angehört werden und gleichwertige Redezeit erhalten. Durch den Austausch von Informationen, Anliegen und Bedürfnissen können gemeinsame Interessen und mögliche Lösungsmöglichkeiten identifiziert werden.

In der Lösungsphase arbeitet der Mediator mit den Parteien zusammen, um maßgeschneiderte Lösungen zu entwickeln, die den Interessen aller Beteiligten gerecht werden. Oftmals wird hier kreatives Denken und die Bereitschaft zu Kompromissen gefördert, um eine Win-Win-Lösung zu finden. Der Mediator unterstützt bei der strukturierten Vereinbarung der Lösungen und deren Umsetzung.

Der Mediationsprozess endet in der Regel mit einer Abschlussphase, in der die Vereinbarungen schriftlich festgehalten werden. Dies dient der Klarheit und Verbindlichkeit für alle Parteien. Es ist wichtig zu beachten, dass die Mediation immer auf Freiwilligkeit basiert, und die Parteien jederzeit die Möglichkeit haben, den Prozess abzubrechen oder sich für andere Konfliktlösungsmechanismen zu entscheiden.

Zusammenfassend lässt sich sagen, dass der Mediationsprozess in der Wirtschaft eine strukturierte Methode zur Lösung von Konflikten ist. Durch Vorbereitung, Eröffnung, Hauptteil, Lösungsfindung und Abschluss ermöglicht die Mediation den Parteien, ihre Interessen offen zu teilen, kreative Lösungen zu entwickeln und gemeinsame Vereinbarungen zu treffen. Der Mediator agiert als neutraler Vermittler, um die Kommunikation zu lenken und die Parteien bei der Entwicklung von nachhaltigen und zukunftsorientierten Lösungen zu unterstützen.

Die Phasen des Mediationsprozesses

Der Mediationsprozess besteht aus verschiedenen Phasen, die es den Parteien ermöglichen, ihre Konflikte auf strukturierte und kooperative Weise zu lösen.

Die erste Phase ist die Vorbereitung, in der der Mediator die Parteien kontaktiert und Informationen über den Konflikt sammelt. Hierbei wird auch die Bereitschaft der Parteien zur Mediation überprüft.

Die Eröffnungsphase markiert den offiziellen Beginn des Mediationsprozesses. Der Mediator erklärt den Parteien den Ablauf der Mediation, die Vertraulichkeit und die Rollen und Erwartungen der Beteiligten. Es ist wichtig, dass alle Parteien ein Verständnis darüber haben, was sie von der Mediation erwarten können und wie sie sich während des Prozesses verhalten sollten.

Der Informationsaustausch ist eine entscheidende Phase, in der die Parteien die Möglichkeit haben, ihre Standpunkte darzulegen und ihre Interessen und Bedürfnisse zu kommunizieren. Der Mediator stellt sicher, dass alle Parteien die gleiche und vollständige Informationen haben, um ein besseres Verständnis für die Hintergründe des Konflikts zu entwickeln.

In der Problemidentifikationsphase werden die konkreten Konfliktpunkte identifiziert und definiert. Hierbei unterstützt der Mediator die Parteien dabei, die zentralen Probleme auf den Punkt zu bringen und Missverständnisse zu klären. Durch diese klare Problemdefinition wird die Grundlage für die Suche nach Lösungen geschaffen.

Die Optionengenerierungsphase ist der Kern des Mediationsprozesses. Hier arbeiten die Parteien gemeinsam daran, verschiedene Lösungsmöglichkeiten zu entwickeln. Der Mediator ermutigt die Teilnehmer zum brainstorming und fördert kreative und innovative Ideen, um win-win Lösungen zu finden, die den Interessen aller gerecht werden.

Nachdem Optionen entwickelt wurden, beginnt die Vereinbarungsphase, in der die Parteien versuchen, eine gemeinsame Vereinbarung zu finden. Der Mediator hilft dabei, die verschiedenen Optionen zu bewerten, die Vor- und Nachteile abzuwägen und einen Konsens zu erreichen. Sobald eine Einigung erzielt wurde, wird sie schriftlich festgehalten und von allen Parteien unterzeichnet.

Die letzte Phase des Mediationsprozesses ist der Abschluss. Hier wird die Vereinbarung nochmals besprochen und offiziell anerkannt. Der Mediator kann auch Empfehlungen zur zukünftigen Zusammenarbeit und Konfliktprävention geben. Am Ende der Mediation können die Parteien das Gefühl haben, dass der Konflikt auf eine angemessene Weise gelöst wurde und ein neuer Ausgangspunkt für ihre Beziehung hergestellt wurde.

Zusammenfassend lässt sich sagen, dass der Mediationsprozess aus mehreren klar definierten Phasen besteht: Vorbereitung, Eröffnung, Informationsaustausch, Problemidentifikation, Optionengenerierung, Vereinbarung und Abschluss. Jede Phase hat ihren eigenen Zweck und ist darauf ausgerichtet, die Kommunikation zu verbessern, Interessen zu identifizieren und gemeinsame Lösungen zu entwickeln. Der Mediator spielt eine entscheidende Rolle dabei, die Parteien durch den Prozess zu leiten und eine gute Grundlage für eine nachhaltige Konfliktlösung zu schaffen.

Herausforderungen der
Wirtschaftsmediation

Die Wirtschaftsmediation birgt spezifische Dynamiken und Herausforderungen, die einzigartig für den geschäftlichen Kontext sind.

Eine dieser Dynamiken ist das Ungleichgewicht der Machtverteilung zwischen den Parteien. In vielen Fällen besteht ein erheblicher Unterschied in der Marktmacht, Ressourcenverfügbarkeit oder Hierarchieebenen zwischen den Konfliktparteien. Die Mediation sollte darauf abzielen, dieses Ungleichgewicht auszugleichen und sicherzustellen, dass alle Parteien gleichberechtigt gehört und berücksichtigt werden.

Eine weitere spezifische Herausforderung der Wirtschaftsmediation ist die Komplexität der Konflikte. Im geschäftlichen Kontext können Konflikte verschiedene Aspekte umfassen, wie zum Beispiel finanzielle Fragen, rechtliche Aspekte, betriebliche Prozesse, Verträge oder strategische Entscheidungen. Der Mediator muss in der Lage sein, diese Komplexität zu verstehen und angemessene Fragestellungen zu stellen, um eine umfassende Lösung zu entwickeln.

Die wirtschaftlichen Interessen und finanziellen Auswirkungen spielen oft eine entscheidende Rolle in der Wirtschaftsmediation. Die Parteien können erhebliche finanzielle oder geschäftliche Risiken haben, die eine direkte Auswirkung auf ihre Entscheidungen und Verhandlungspositionen haben. Der Mediator muss ein Verständnis für die wirtschaftlichen Aspekte des Konflikts haben und in der Lage sein, die Parteien bei der Bewertung von Optionen und der Entwicklung von Lösungen zu unterstützen, die ihre wirtschaftlichen Interessen berücksichtigen.

Zudem kann es in der Wirtschaftsmediation zu einer erhöhten Sensibilität bezüglich der Vertraulichkeit und des Images der beteiligten Organisationen kommen. Die Parteien können sich Sorgen um den möglichen Ruf- oder Imagesschaden machen, der mit der Offenlegung von Details über den Konflikt verbunden sein könnte. Der Mediator muss diese Bedenken ernst nehmen und sicherstellen, dass die Vertraulichkeit gewahrt wird, um den Prozess zu schützen und eine offene Kommunikation zu ermöglichen.

Insgesamt erfordert die Wirtschaftsmediation ein besonderes Verständnis für die spezifischen Dynamiken und Herausforderungen im geschäftlichen Kontext. Der Mediator muss in der Lage sein, mit Ungleichgewichten der Macht umzugehen, komplexe wirtschaftliche Aspekte zu berücksichtigen und gleichzeitig die Vertraulichkeit und das Ansehen der beteiligten Organisationen zu wahren. Durch die Bewältigung dieser Herausforderungen kann die Wirtschaftsmediation als effektives Mittel zur Lösung von Konflikten in Unternehmen und Organisationen dienen und langfristige, nachhaltige Ergebnisse erzielen.

Förderung einer konstruktiven und nachhaltigen Lösungsfindung

Die Rolle des Mediators ist entscheidend bei der Förderung einer konstruktiven und nachhaltigen Lösungsfindung in der Mediation. Ein Mediator agiert als neutraler Vermittler, der den Prozess lenkt, die Kommunikation erleichtert und die Parteien unterstützt, eine Einigung zu erzielen.

Eine seiner Hauptaufgaben besteht darin, sicherzustellen, dass alle Parteien fair und gleichberechtigt angehört werden und sich aktiv am Prozess beteiligen können.

Ein Mediator fördert eine konstruktive Lösungsfindung, indem er eine ausgeglichene Gesprächsatmosphäre schafft und Konfliktparteien ermutigt, ihre Standpunkte, Sorgen und Bedürfnisse offen zu teilen. Durch gezieltes Zuhören und gezielte Fragen hilft der Mediator den Parteien, ihr Verständnis für die Perspektive des anderen zu vertiefen und Empathie füreinander zu entwickeln. Gleichzeitig achtet der Mediator darauf, dass die Gespräche respektvoll und zielführend bleiben.

Ein Mediator spielt auch eine wichtige Rolle bei der Schaffung von Vertrauen zwischen den Parteien. Indem er eine neutrale und vertrauliche Umgebung schafft, in der alle Informationen und Äußerungen geschützt sind, ermöglicht der Mediator den Konfliktparteien, sich offen und ehrlich auszusprechen.

Durch das Aufrechterhalten eines vertrauensvollen Rahmens können die Parteien einfacher kooperieren und auf eine nachhaltige Lösung hinarbeiten.

Darüber hinaus unterstützt der Mediator die Parteien bei der Bewertung der vorgeschlagenen Optionen und der Entwicklung möglicher Kompromisse. Er ermutigt sie dazu, über den Tellerrand zu schauen und kreative Lösungen zu finden, die den Interessen und Bedürfnissen aller Beteiligten gerecht werden. Der Mediator stellt sicher, dass alle Parteien die Chancen und Risiken der verschiedenen Optionen verstehen und eine fundierte Entscheidung treffen können.

Zusammenfassend trägt die Rolle des Mediators maßgeblich dazu bei, eine konstruktive und nachhaltige Lösungsfindung in der Mediation zu fördern. Durch die Schaffung einer ausgewogenen Gesprächsatmosphäre, die Förderung von Vertrauen und die Unterstützung bei der Bewertung und Entwicklung von Optionen können Mediatoren den Weg zu einer Einigung ebnen, die den Bedürfnissen und Interessen aller Parteien gerecht wird. Die Mediation, unterstützt durch die Rolle des Mediators, ermöglicht es, langfristige, konstruktive Beziehungen aufzubauen und nachhaltige Lösungen für Konflikte zu finden.

Implementierung in Unternehmen

Die Implementierung von Wirtschaftsmediation in Unternehmen kann eine wertvolle Investition sein, um Konflikte effektiv zu lösen und eine positive Arbeitskultur zu fördern. Es gibt mehrere Schritte, die Unternehmen unternehmen können, um Mediation erfolgreich in ihre Organisationsstruktur zu integrieren.

Der erste Schritt ist die Sensibilisierung und Schulung von Mitarbeitenden und Führungskräften über die Vorteile und Möglichkeiten der Mediation. Es ist wichtig, das Bewusstsein für die Mediation als Konfliktlösungsinstrument zu schärfen und sicherzustellen, dass Mitarbeiter das Verständnis und die Fähigkeiten entwickeln, um den Mediationsprozess effektiv zu nutzen.

Eine weitere wichtige Maßnahme ist die Schaffung einer Kultur der Offenheit und Konstruktivität, in der Mediation als akzeptierte und bevorzugte Methode der Konfliktlösung betrachtet wird. Unternehmen sollten klare Richtlinien und Verfahren für den Einsatz von Mediation festlegen und sicherstellen, dass alle Mitarbeitenden über ihre Rechte und Möglichkeiten informiert sind.

Die Auswahl und Schulung von geeigneten Mediatoren ist ein weiterer wichtiger Aspekt. Unternehmen sollten qualifizierte Mediatoren engagieren oder interne Mitarbeiter zu Mediatoren ausbilden, die über die notwendigen Kompetenzen und Erfahrungen verfügen. Dies stellt sicher, dass die Mediation professionell durchgeführt wird und die Bedürfnisse der Parteien angemessen berücksichtigt werden.

Die Schaffung von Prozessen und Mechanismen, die den Zugang zur Mediation erleichtern, ist ebenfalls wichtig. Unternehmen sollten klare Kommunikationswege und Kontaktdetails für die Mediation bereitstellen, um sicherzustellen, dass Mitarbeitende den Prozess einfach und vertraulich initiieren können.

Die Implementierung von Wirtschaftsmediation erfordert auch die kontinuierliche Bewertung und Anpassung der Mediationsprozesse. Unternehmen sollten Feedback von den Beteiligten einholen und den Mediationsprozess kontinuierlich verbessern, um sicherzustellen, dass die Bedürfnisse der Parteien erfüllt werden und die Mediation effektiv zur Konfliktlösung beiträgt.

Zusammenfassend ist die Implementierung von Wirtschaftsmediation in Unternehmen eine strategische Entscheidung, die zur Förderung einer positiven Arbeitskultur beiträgt und Konflikte effektiv löst. Durch Sensibilisierung, Schulung, Schaffung einer Offenheitskultur, Auswahl und Schulung von Mediatoren sowie klare Prozesse und Mechanismen kann Mediation erfolgreich in den Arbeitsalltag integriert und ihre Vorteile voll ausgeschöpft werden.

Integration in die Unternehmenskultur

Die Integration von Wirtschaftsmediation in die Unternehmenskultur und -strukturen bietet Unternehmen eine Reihe von Möglichkeiten, um Konflikte erfolgreich zu bewältigen und eine kooperative Arbeitsumgebung zu fördern.

Eine Möglichkeit der Integration besteht darin, Mediation als bevorzugte Methode zur Konfliktlösung anzuerkennen und zu fördern. Unternehmen können dies durch klare Richtlinien und Verfahren zur Nutzung von Mediation kommunizieren und sicherstellen, dass alle Mitarbeitenden über ihre Rechte und Möglichkeiten informiert sind. Dies kann dazu beitragen, dass Mediation als vertrauenswürdiges und wirksames Mittel zur Lösung von Konflikten angesehen wird.

Eine weitere Möglichkeit der Integration ist die Schulung von Führungskräften und Mitarbeitenden in Konfliktmanagement- und Kommunikationsfähigkeiten. Indem Mitarbeitende befähigt werden, Konflikte frühzeitig zu erkennen und konstruktive Lösungsansätze zu entwickeln, kann die Notwendigkeit der Mediation verringert werden.

Führungskräfte können in ihrer Rolle als Konfliktvermittler geschult werden, um frühzeitig Interventionen vorzunehmen und Konflikte zu deeskalieren.

Organisationen können auch interne Mediatoren einsetzen, die speziell geschult sind, um Konflikte zu bearbeiten. Diese internen Mediatoren können in den betroffenen Teams oder Abteilungen eingesetzt werden und einen schnelleren und effizienteren Zugang zur Mediation bieten. Dies kann dazu beitragen, den Konfliktlösungsprozess zu beschleunigen und interne Ressourcen besser zu nutzen.

Die Integration von Wirtschaftsmediation kann auch durch die Schaffung von Kommunikations- und Feedbackkanälen erleichtert werden. Unternehmen können offene und sichere Raumkonzepte fördern, in denen Mitarbeitende frei ihre Anliegen und Bedürfnisse äußern können. Regelmäßiges Feedback und Kommunikation zwischen den Mitarbeitenden und der Unternehmensführung können zur Früherkennung von Konflikten beitragen und so die Notwendigkeit von Mediation reduzieren.

Schließlich kann die Integration von Wirtschaftsmediation in die Unternehmenskultur durch die kontinuierliche Überprüfung und Anpassung der Mediationsprozesse erfolgen. Unternehmen sollten den Erfolg und die Wirksamkeit der Mediation regelmäßig bewerten und den Prozess entsprechend optimieren. Indem sie auf die Bedürfnisse und Herausforderungen der Organisation reagieren, kann die Wirtschaftsmediation kontinuierlich verbessert und weiterentwickelt werden.

Zusammenfassend gibt es verschiedene Möglichkeiten der Integration von Wirtschaftsmediation in die Unternehmenskultur und -strukturen. Durch die Anerkennung von Mediation als bevorzugte Konfliktlösungsmethode, Schulungen zur Konfliktbewältigung, Einsatz interner Mediatoren, Schaffung offener Kommunikationskanäle und kontinuierliche Überprüfung der Mediationsprozesse können Unternehmen eine konstruktive und kooperative Arbeitsumgebung fördern und Konflikte effektiv lösen.

Der Aufbau einer interner Mediatoren

Der Aufbau eines Mediationssystems in einem Unternehmen beinhaltet die Implementierung einer Infrastruktur und Prozesse, um Mediation als Konfliktlösungsmechanismus zu fördern. Ein wesentlicher Schritt ist die Ausbildung interner Mediatoren, die mit den spezifischen Konfliktdynamiken und -themen des Unternehmens vertraut sind.

Die Ausbildung interner Mediatoren umfasst in der Regel sowohl theoretische als auch praktische Schulungen. Die Teilnehmer erhalten ein grundlegendes Verständnis für die Mediation, den Prozessablauf und die zugrunde liegenden Prinzipien. Sie lernen auch konkrete Techniken und Fähigkeiten, um Konflikte professionell zu moderieren und Lösungen zu entwickeln.

Es ist wichtig, die Ausbildung interner Mediatoren mit einem Akkreditierungsprozess abzuschließen, um sicherzustellen, dass die Teilnehmer über die notwendige Qualifikation verfügen. Dies sorgt für eine hohe Qualität der Mediation im Unternehmen und baut Vertrauen in den Mediationsprozess auf.

Der Aufbau eines Mediationssystems erfordert auch die Festlegung von klaren Richtlinien und Verfahren, wie Mediation im Unternehmen genutzt wird. Dies umfasst den Zugang zur Mediation, die Kommunikation über Mediation als bevorzugte Konfliktlösungsmethode und die Schaffung eines Bewusstseins für die Vertraulichkeit und Neutralität des Mediationsprozesses.

Darüber hinaus ist es wichtig, eine Ressourcenstruktur für das Mediationssystem zu schaffen. Dies beinhaltet die Bereitstellung von geeigneten Räumlichkeiten für Mediationssitzungen sowie technische Unterstützung, um den Mediationsprozess reibungslos durchführen zu können.

Das Mediationssystem sollte auch kontinuierlich überprüft und verbessert werden, um sicherzustellen, dass es den aktuellen Bedürfnissen des Unternehmens gerecht wird. Regelmäßige Schulungen und Weiterbildung für interne Mediatoren sind entscheidend, um ihre Fähigkeiten und Kenntnisse auf dem neuesten Stand zu halten.

Zusammenfassend ist der Aufbau eines Mediationssystems mit internen Mediatoren ein wichtiger Schritt, um Konflikte im Unternehmen effektiv zu bewältigen. Durch die passende Ausbildung, Akkreditierung, klare Richtlinien und Verfahren, Ressourcenbereitstellung und kontinuierliche Überprüfung wird das Mediationssystem erfolgreich implementiert. Dies ermöglicht es dem Unternehmen, Konflikte intern zu lösen und eine positive Arbeitskultur zu fördern.

Die Sensibilisierung der Mitarbeiter

Die Sensibilisierung der Mitarbeiter und des Managements für die Bedeutung der Wirtschaftsmediation ist ein wichtiger Schritt, um das Bewusstsein für diese effektive Methode der Konfliktlösung zu schärfen.

Eine Möglichkeit, die Sensibilisierung zu fördern, ist die Durchführung von Schulungen und Informationsveranstaltungen. Hier können die Grundlagen der Mediation erklärt werden, einschließlich der Vorteile, des Prozessablaufs und der potenziellen Anwendungsbereiche. Diese Schulungen können sowohl für das Management als auch für die Mitarbeiter angeboten werden, um ein gemeinsames Verständnis zu schaffen.

Ein weiterer Ansatz zur Sensibilisierung besteht darin, Beispiele und Fallstudien aus der Praxis zu präsentieren, in denen die Wirtschaftsmediation erfolgreich angewendet wurde. Dies veranschaulicht den Mehrwert und die Wirksamkeit der Mediation in realen Geschäftsszenarien und fördert das Verständnis für ihre Rolle als Konfliktlösungsinstrument.

Die Kommunikation durch interne Kommunikationskanäle wie Unternehmensnewsletter, Intranet oder Teammeetings ist ein weiteres Mittel, um das Bewusstsein für die Wirtschaftsmediation zu schärfen. Hier können Informationen über die Verfügbarkeit von Mediation, den Prozessablauf und die Kontaktdaten der Mediatoren bereitgestellt werden.

Darüber hinaus ist es wichtig, dass das Management die Bedeutung der Wirtschaftsmediation aktiv unterstützt und fördert. Dies kann durch die Einbindung von Mediation in Unternehmensrichtlinien, die Ermutigung zur Nutzung der Mediation und die Bereitstellung von Ressourcen für Mediationsdienste erfolgen. Das Management fungiert als Vorbild und sendet eine klare Botschaft aus, dass Mediation eine bevorzugte Methode zur Konfliktlösung ist.

Insgesamt ist die Sensibilisierung der Mitarbeiter und des Managements für die Bedeutung der Wirtschaftsmediation von zentraler Bedeutung für eine erfolgreiche Integration dieser Konfliktlösungsmethode in Unternehmen. Ein umfassendes Verständnis und eine positive Einstellung gegenüber der Mediation ermöglichen es, Konflikte frühzeitig anzugehen und nachhaltige Lösungen zu finden, um eine harmonische Arbeitsumgebung und positive Geschäftsbeziehungen zu fördern.

Erfolgsgeschichten von Unternehmen, die Wirtschaftsmediation nutzen

Ein Beispiel für ein Unternehmen, das erfolgreich Wirtschaftsmediation einsetzt, ist das Unternehmen XYZ, ein globaler Einzelhändler. XYZ hatte regelmäßig Konflikte mit seinen Lieferanten in Bezug auf Preise, Lieferzeiten und Produktqualität. Um diese Konflikte effektiv zu lösen und die Geschäftsbeziehungen zu verbessern, setzte XYZ Wirtschaftsmediation ein.

Externe Mediatoren wurden eingeschaltet, um zwischen XYZ und den Lieferanten zu verhandeln. Die Mediationssitzungen ermöglichten eine offene Kommunikation und einen informellen Austausch von Informationen. Dadurch konnten gemeinsame Interessen identifiziert und Lösungen entwickelt werden, die für beide Seiten akzeptabel waren. Das Ergebnis war eine verbesserte Zusammenarbeit, eine höhere Kundenzufriedenheit und eine nachhaltige Steigerung der Geschäftsergebnisse.

Ein weiteres Beispiel ist das Unternehmen ABC, eine IT-Beratungsfirma. ABC hatte häufig Konflikte innerhalb ihrer Projektteams, die zu Verzögerungen bei der Projektabwicklung führten. Um diese Konflikte zu bewältigen und die Effizienz zu steigern, implementierte ABC Wirtschaftsmediation als internen Konfliktlösungsmechanismus.

Interne Mediatoren wurden ausgebildet, um Konflikte zwischen den Teammitgliedern zu begleiten und zu lösen. Die Mediationssitzungen halfen dabei, die Kommunikation zu verbessern, Missverständnisse zu klären und gemeinsame Lösungen zu finden. Dadurch konnte ABC die Teamarbeit stärken, die Projektabwicklung beschleunigen und die Kundenzufriedenheit steigern.

Ein weiteres Beispiel ist das Unternehmen DEF, ein mittelständisches Unternehmen im produzierenden Gewerbe. DEF hatte regelmäßig Konflikte zwischen verschiedenen Abteilungen, die zu Spannungen und ineffizienten Arbeitsabläufen führten.

Um diese Konflikte zu überwinden und die Zusammenarbeit zu verbessern, setzte DEF auf Wirtschaftsmediation. Interne Mediatoren wurden geschult und eingesetzt, um zwischen den Abteilungen zu vermitteln und Lösungen zu finden.

Die Mediation half dabei, die Kommunikation zu verbessern, gegenseitiges Verständnis zu fördern und eine neue Kultur der Zusammenarbeit zu schaffen. DEF konnte dadurch die Teamarbeit stärken, die Betriebsabläufe optimieren und Wachstum und Erfolg des Unternehmens fördern.

Diese Erfolgsgeschichten zeigen, wie Unternehmen durch den Einsatz von Wirtschaftsmediation erfolgreich Konflikte bewältigen und positive Veränderungen in ihrer Organisation erreichen konnten.

Die Mediation ermöglichte offene Kommunikation, Konfliktlösung auf Augenhöhe und die Entwicklung von gemeinsamen Lösungen. Diese Unternehmen erkannten den Wert der Mediation als Instrument zur Förderung einer gesunden Arbeitskultur, zur Verbesserung von Kundenbeziehungen und zur Steigerung der Betriebseffizienz.

Praktische Beispiele von Unternehmen

Ein praktisches Beispiel für ein Unternehmen, das von der Nutzung der Wirtschaftsmediation profitiert hat, ist das Unternehmen ABC GmbH, ein mittelständisches Unternehmen in der IT-Branche. ABC hatte Konflikte zwischen verschiedenen Abteilungen, die zu einer ineffizienten Zusammenarbeit und Spannungen führten.

Durch die Implementierung von Wirtschaftsmediation konnte ABC die Konflikte wirksam angehen und eine nachhaltige Lösung finden. Die Mediatoren halfen dabei, offene Kommunikation und Kooperation zwischen den Abteilungen zu fördern. Durch den Dialog wurden die verschiedenen Perspektiven gehört und Konflikte konstruktiv gelöst. Das Ergebnis war eine verbesserte Zusammenarbeit, gesteigerte Produktivität und eine positive Arbeitsatmosphäre.

Ein weiteres Beispiel ist das Unternehmen DEF AG, ein multinationaler Konzern in der Automobilindustrie. DEF hatte Konflikte mit einem externen Geschäftspartner, der Lieferprobleme verursachte und vereinbarte Ziele nicht erreichte. Anstatt den Weg vor Gericht zu gehen, entschied sich DEF für Wirtschaftsmediation, um den Konflikt zu lösen.

In einer Mediationssitzung konnten DEF und der Geschäftspartner ihre Anliegen und Forderungen offen diskutieren und mögliche Lösungen erarbeiten. Mit Unterstützung des Mediators wurden neue Vereinbarungen getroffen, die für beide Seiten vorteilhaft waren. Die Wirtschaftsmediation ermöglichte es DEF und dem Geschäftspartner, ihre Geschäftsbeziehung aufrechtzuerhalten und weitere Konflikte zu vermeiden.

Ein drittes Beispiel ist das Unternehmen GHI GmbH, ein Dienstleistungsunternehmen im Bereich Gesundheitswesen. GHI hatte Konflikte zwischen Mitarbeitern aufgrund von Kommunikationsproblemen und unterschiedlichen Arbeitsansätzen. GHI entschied sich für die Wirtschaftsmediation, um diese internen Konflikte zu lösen.

Durch den Einsatz von internen Mediatoren konnten die Mitarbeitenden ihre Sichtweisen teilen und konstruktive Gespräche führen. Die Mediation unterstützte die Entwicklung eines besseren Verständnisses zwischen den Mitarbeitern und förderte die Zusammenarbeit. Die Mediation ermöglichte es GHI, ein positives Arbeitsumfeld zu schaffen und die Teamdynamik zu stärken.

Diese praktischen Beispiele zeigen, wie Unternehmen durch die Nutzung der Wirtschaftsmediation profitieren können. Die Mediation ermöglicht es Unternehmen, Konflikte konstruktiv zu lösen, Geschäftsbeziehungen zu erhalten und eine positive Arbeitsumgebung zu schaffen.

Die Unternehmen profitierten von verbesserter Kommunikation, gestärkten Beziehungen und erhöhter Effizienz. Die Wirtschaftsmediation erwies sich als wertvolles Instrument, um Konflikte zu bewältigen und nachhaltige Lösungen zu finden.

Betriebsklima / Mitarbeiterzufriedenheit / Geschäftsentwicklung

Die Auswirkungen der Mediation auf das Betriebsklima, die Mitarbeiterzufriedenheit und die Geschäftsentwicklung sind signifikant und können positive Veränderungen in Unternehmen bewirken.

Eine der wichtigsten Auswirkungen der Mediation ist die Verbesserung des Betriebsklimas. Konflikte am Arbeitsplatz können zu Spannungen, Misstrauen und negativer Stimmung führen. Durch den Einsatz von Mediation können diese Konflikte konstruktiv gelöst werden, was zu einer positiven Atmosphäre und einem harmonischen Arbeitsumfeld führt. Mitarbeiter fühlen sich gehört und wertgeschätzt, was das Vertrauen und die Zusammenarbeit untereinander stärkt.

Die Mediation hat auch einen direkten Einfluss auf die Mitarbeiterzufriedenheit. Konflikte am Arbeitsplatz können eine erhebliche Belastung für die Mitarbeiter sein und zu Frustration und Unzufriedenheit führen. Durch die Lösung von Konflikten mittels Mediation können Mitarbeiter ihren Arbeitsplatz wieder positiv wahrnehmen und ihre Motivation und Produktivität steigern.

Ein gutes Betriebsklima und eine hohe Mitarbeiterzufriedenheit führen zu einer höheren Mitarbeiterbindung und niedrigeren Fluktuation, was wiederum die Stabilität und Kontinuität des Unternehmens fördert.

Darüber hinaus kann die Mediation auch positive Auswirkungen auf die Geschäftsentwicklung haben. Konflikte am Arbeitsplatz können die Produktivität beeinträchtigen, zu Verzögerungen führen und die Effizienz verringern.
Durch die Mediation können diese Hindernisse beseitigt werden, was zu einer Steigerung der Leistung und Effizienz des Unternehmens führt.

Darüber hinaus können Führungskräfte und Mitarbeiter durch den Umgang mit Konflikten auf eine konstruktive Weise ihre Fähigkeiten in Konfliktmanagement und Zusammenarbeit verbessern. Dies ermöglicht es dem Unternehmen, mögliche zukünftige Konflikte effektiver zu bewältigen und somit langfristig erfolgreich zu sein.

Zusammenfassend haben Mediation und die Lösung von Konflikten am Arbeitsplatz positive Auswirkungen auf das Betriebsklima, die Mitarbeiterzufriedenheit und die Geschäftsentwicklung. Ein harmonisches Arbeitsumfeld und zufriedene Mitarbeiter fördern die Produktivität, die Leistung und die Innovationsfähigkeit eines Unternehmens.

Die effektive Bewältigung von Konflikten trägt zur Stabilität, Kontinuität und langfristigen Entwicklung des Unternehmens bei. Durch den Einsatz von Mediation können Unternehmen ein positives Arbeitsumfeld schaffen, in dem die Mitarbeiter ihr volles Potenzial entfalten können und das Wachstum und den Erfolg des Unternehmens vorantreibt.

Lehren und Erkenntnisse aus den Erfolgsstories

Die Erfolgsstories im Bereich der Wirtschaftsmediation liefern einige wichtige Lehren und Erkenntnisse, die für Unternehmen und Organisationen von Bedeutung sind.

Erstens zeigt sich, dass die rechtzeitige Intervention und Bewältigung von Konflikten einen erheblichen Einfluss auf den Gesamterfolg eines Unternehmens haben kann. Die erfolgreichen Unternehmen haben erkannt, dass die Lösung von Konflikten nicht auf die lange Bank geschoben werden sollte, sondern aktiv angegangen werden muss, um negative Auswirkungen auf das Betriebsklima, die Produktivität und die Kundenbeziehungen zu minimieren.

Zweitens verdeutlichen die Erfolgsstories die Bedeutung der Förderung einer offenen Kommunikationskultur. Unternehmen, die erfolgreich Wirtschaftsmediation einsetzen, schaffen ein Umfeld, in dem die Mitarbeiter ihre Sorgen, Meinungen und Vorschläge frei äußern können. Eine offene Kommunikation ermöglicht es, Konflikte frühzeitig zu erkennen, transparent zu analysieren und konstruktive Lösungen zu entwickeln.

Drittens legen die Erfolgsstories nahe, dass die Zusammenarbeit mit professionellen Mediatoren und die Qualifizierung interner Mediatoren entscheidend für eine erfolgreiche Mediation sind. Gut geschulte Mediatoren verstehen die spezifischen Dynamiken und Herausforderungen des Unternehmens und können den Mediationsprozess professionell lenken und moderieren. Die Auswahl von Mediatoren mit entsprechenden Fähigkeiten und Erfahrungen ist daher von großer Bedeutung.

Schließlich betonen die Erfolgsstories die Wichtigkeit der kontinuierlichen Überwachung, Evaluierung und Optimierung der Mediationsprozesse. Unternehmen sollten den Erfolg der implementierten Mediationsprogramme bewerten, Feedback von den Beteiligten einholen und regelmäßig Schulungen und Weiterbildungen anbieten.

Durch kontinuierliche Verbesserungen können Unternehmen sicherstellen, dass die Mediation auf ihre spezifischen Bedürfnisse abgestimmt ist und die besten Ergebnisse erzielt werden.

Insbesondere zeigen die Erfolgsstories, dass die Nutzung der Wirtschaftsmediation einen positiven Einfluss auf das Betriebsklima, die Mitarbeiterzufriedenheit und die Geschäftsentwicklung haben kann.

Durch rechtzeitiges Eingreifen, offene Kommunikation, professionelle Mediation und kontinuierliche Prozessverbesserungen können Unternehmen Konflikte effektiv bewältigen und eine positive Arbeitskultur schaffen.

Diese Lehren und Erkenntnisse bieten wertvolle Ansätze für Unternehmen und Organisationen, um von den Erfolgsstories anderer zu lernen und ihre eigenen Konfliktlösungsstrategien zu optimieren.

Wirtschaftsmediation in spezifischen Bereichen

Wirtschaftsmediation findet in verschiedenen spezifischen Bereichen Anwendung und bietet zahlreiche Vorteile für die Konfliktlösung in diesen Bereichen.

Im Bereich des Arbeitsrechts kann die Wirtschaftsmediation Konflikte zwischen Arbeitnehmern und Arbeitgebern effektiv lösen. Zum Beispiel können mediationsbasierte Ansätze genutzt werden, um Konflikte im Zusammenhang mit Arbeitsverträgen, Gehaltsverhandlungen, Kündigungen oder Arbeitsplatzstreitigkeiten zu bewältigen.

Die Mediation ermöglicht eine schnelle und flexible Lösung, die die rechtlichen, finanziellen und zwischenmenschlichen Interessen aller Parteien berücksichtigt und langwierige rechtliche Auseinandersetzungen vermeidet.

Im Bereich des Vertragswesens kann die Wirtschaftsmediation dazu beitragen, Konflikte und Unstimmigkeiten bei Vertragsverhandlungen oder der Vertragserfüllung zu lösen.

Mediationsverfahren können genutzt werden, um die Bedürfnisse und Erwartungen der Vertragsparteien zu klären, bestehende Verträge zu überarbeiten oder neue Vereinbarungen zu treffen.

Die Mediation ermöglicht es den Parteien, ihre Interessen zu artikulieren und maßgeschneiderte Lösungen zu entwickeln, die den spezifischen Vertragszielen gerecht werden.

Im Bereich des Geschäfts- und Konzernrechts kann die Wirtschaftsmediation dazu beitragen, komplexe und umfangreiche Streitigkeiten zwischen Unternehmen oder Konzernen zu bewältigen. Mediationsverfahren können eingesetzt werden, um Streitigkeiten im Zusammenhang mit Fusionen und Übernahmen, Wettbewerbsfragen, Schutz des geistigen Eigentums oder sonstigen geschäftsrelevanten Themen zu lösen.

Durch einen kooperativen Ansatz in der Mediation können Unternehmen nachhaltige Lösungen finden, die ihre Geschäftsbeziehungen nicht nur bewahren, sondern auch optimieren.

Im Bereich des internationalen Handels kann die Wirtschaftsmediation eine wertvolle Methode sein, um Konflikte zwischen Unternehmen unterschiedlicher Rechtssysteme und Kulturen zu lösen. Mediation kann verwendet werden, um komplexe Handelsstreitigkeiten, wie etwa Vertragsverletzungen oder Streitigkeiten über den internationalen Verkauf von Waren, zu bewältigen.

Die Mediation ermöglicht den Parteien, ihre unterschiedlichen Perspektiven einzubringen und auf Win-Win-Lösungen hinzuarbeiten, was zu einer effizienten Konfliktlösung führt und die Geschäftsbeziehungen nicht unnötig beeinträchtigt.

Zusammenfassend lässt sich sagen, dass die Wirtschaftsmediation in verschiedenen spezifischen Bereichen, wie dem Arbeitsrecht, dem Vertragswesen, dem Geschäfts- und Konzernrecht sowie dem internationalen Handel, ihre Wirksamkeit und hohe Anpassungsfähigkeit bewiesen hat.
Durch die Anwendung der Mediation können Unternehmen und Organisationen effizientere und genauere Ergebnisse erzielen, indem sie Konflikte auf kooperative und nachhaltige Weise lösen.

Die Anwendung von Wirtschaftsmediation

Wirtschaftsmediation findet in verschiedenen spezifischen Bereichen Anwendung und bietet zahlreiche Vorteile für die Konfliktlösung in diesen Bereichen.

Im Bereich des Arbeitsrechts kann die Wirtschaftsmediation Konflikte zwischen Arbeitnehmern und Arbeitgebern effektiv lösen. Zum Beispiel können mediationsbasierte Ansätze genutzt werden, um Konflikte im Zusammenhang mit Arbeitsverträgen, Gehaltsverhandlungen, Kündigungen oder Arbeitsplatzstreitigkeiten zu bewältigen. Die Mediation ermöglicht eine schnelle und flexible Lösung, die die rechtlichen, finanziellen und zwischenmenschlichen Interessen aller Parteien berücksichtigt und langwierige rechtliche Auseinandersetzungen vermeidet.

Im Bereich des Vertragswesens kann die Wirtschaftsmediation dazu beitragen, Konflikte und Unstimmigkeiten bei Vertragsverhandlungen oder der Vertragserfüllung zu lösen. Mediationsverfahren können genutzt werden, um die Bedürfnisse und Erwartungen der Vertragsparteien zu klären, bestehende Verträge zu überarbeiten oder neue Vereinbarungen zu treffen. Die Mediation ermöglicht es den Parteien, ihre Interessen zu artikulieren und maßgeschneiderte Lösungen zu entwickeln, die den spezifischen Vertragszielen gerecht werden.

Im Bereich des Geschäfts- und Konzernrechts kann die Wirtschaftsmediation dazu beitragen, komplexe und umfangreiche Streitigkeiten zwischen Unternehmen oder Konzernen zu bewältigen. Mediationsverfahren können eingesetzt werden, um Streitigkeiten im Zusammenhang mit Fusionen und Übernahmen, Wettbewerbsfragen, Schutz des geistigen Eigentums oder sonstigen geschäftsrelevanten Themen zu lösen. Durch einen kooperativen Ansatz in der Mediation können Unternehmen nachhaltige Lösungen finden, die ihre Geschäftsbeziehungen nicht nur bewahren, sondern auch optimieren.

Im Bereich des internationalen Handels kann die Wirtschaftsmediation eine wertvolle Methode sein, um Konflikte zwischen Unternehmen unterschiedlicher Rechtssysteme und Kulturen zu lösen. Mediation kann verwendet werden, um komplexe Handelsstreitigkeiten, wie etwa Vertragsverletzungen oder Streitigkeiten über den internationalen Verkauf von Waren, zu bewältigen.

Die Mediation ermöglicht den Parteien, ihre unterschiedlichen Perspektiven einzubringen und auf Win-Win-Lösungen hinzuarbeiten, was zu einer effizienten Konfliktlösung führt und die Geschäftsbeziehungen nicht unnötig beeinträchtigt.

Zusammenfassend lässt sich sagen, dass die Wirtschaftsmediation in verschiedenen spezifischen Bereichen, wie dem Arbeitsrecht, dem Vertragswesen, dem Geschäfts- und Konzernrecht sowie dem internationalen Handel, ihre Wirksamkeit und hohe Anpassungsfähigkeit bewiesen hat.

Durch die Anwendung der Mediation können Unternehmen und Organisationen effizientere und genauere Ergebnisse erzielen, indem sie Konflikte auf kooperative und nachhaltige Weise lösen.

Fallbeispiele und Erfahrungen

Fallbeispiele und Erfahrungen aus der Praxis illustrieren, wie die Anwendung der Wirtschaftsmediation konkrete Probleme erfolgreich gelöst hat.

Ein Fallbeispiel ist das Unternehmen XYZ, das mit erheblichen Konflikten in seiner Führungsebene konfrontiert war. Die ständigen Meinungsverschiedenheiten und Machtkämpfe beeinträchtigten die Entscheidungsfindung und gefährdeten die Effizienz des Unternehmens.

Durch die Einbindung eines externen Mediators konnte ein Mediationsprozess gestartet werden, um offene Kommunikation und Verständigung zu fördern. Der Mediator half den Führungskräften dabei, ihre Standpunkte zu klären und gemeinsame Ziele zu erarbeiten.

Am Ende entwickelten sie eine gemeinsame Vision für das Unternehmen und konnten ihre Unterschiede überwinden. Das Unternehmen konnte so seine Betriebseffizienz und den Teamzusammenhalt wiederherstellen.

Ein weiteres Fallbeispiel ist eine Organisation im Gesundheitswesen, in der Konflikte zwischen Vorstandsmitgliedern und dem Ärzteteam zu einer spürbaren Spannung führten.
Dies beeinträchtigte die Zusammenarbeit und die Qualität der medizinischen Versorgung. Nach der Einführung von Wirtschaftsmediation konnten die Konfliktursachen identifiziert und in Mediationssitzungen bearbeitet werden.

Durch die offene Kommunikation zwischen den Parteien konnten Missverständnisse geklärt und gemeinsame Ziele zur Verbesserung der Patientenbetreuung entwickelt werden. Die verbesserte Zusammenarbeit führte zu einer positiven Veränderung im Organisationsklima und einer Steigerung des Teamgeistes.

Ein weiteres Fallbeispiel betrifft ein Unternehmen im Bereich der Informationstechnologie, das mit Konflikten zwischen verschiedenen Projektteams konfrontiert war. Die interne Kommunikation war fragmentiert, was zu Verzögerungen und Qualitätsproblemen bei der Ausführung der Projekte führte.

Durch die Implementierung von Wirtschaftsmediation wurden Mediatoren in jedem betroffenen Projektteam eingesetzt. Die Mediatoren förderten die Kommunikation innerhalb der Teams und halfen bei der Identifizierung und Lösung von Konflikten. Durch die verbesserte Zusammenarbeit zwischen den Teams konnten Projekte fristgerecht und mit einer höheren Qualität abgeschlossen werden.

Diese Fallbeispiele aus der Praxis verdeutlichen, wie die Anwendung der Wirtschaftsmediation helfen kann, Konflikte in verschiedenen Unternehmensbereichen auf effektive und nachhaltige Weise zu lösen.

Die Einsatzmöglichkeiten der Mediation sind vielfältig und können auf unterschiedliche Herausforderungen angewendet werden. Durch die gezielte Unterstützung von Mediatoren können Unternehmen ihre betriebliche Effizienz steigern, ihre Zusammenarbeit verbessern und eine positive Veränderung im Arbeitsumfeld herbeiführen.

Die spezifischen Herausforderungen

In den verschiedenen Bereichen, in denen Wirtschaftsmediation eingesetzt wird, gibt es spezifische Herausforderungen und Erfolgsfaktoren, die berücksichtigt werden sollten.

Im Bereich der Vertragsverhandlungen besteht eine Herausforderung darin, dass die Parteien oft sehr unterschiedliche Interessen und Positionen haben. Der Mediator muss in der Lage sein, diese Positionen zu verstehen und gemeinsame Interessen zu identifizieren. Erfolgsfaktoren sind eine offene Kommunikation, das Schaffen einer vertrauensvollen Atmosphäre und die Flexibilität, um innovative und kreative Lösungen zu finden, die den Interessen beider Seiten gerecht werden.

In Arbeitsbeziehungen besteht eine Herausforderung darin, dass emotionale Aspekte eine Rolle spielen können. Konflikte können persönliche Einstellungen, Erfahrungen, Vorurteile und andere nicht direkt messbare Faktoren beeinflussen. Erfolgsfaktoren liegen darin, dass der Mediator einfühlsam ist, die zwischenmenschlichen Dynamiken versteht und eine unterstützende Umgebung schafft, in der die Parteien ihre Emotionen ausdrücken und Konfliktlösungen auf einer rationalen Ebene finden können.

Bei Fusionen und Übernahmen besteht eine Herausforderung darin, Kulturunterschiede und unterschiedliche Geschäftsansätze in Einklang zu bringen. Erfolgsfaktoren sind eine klare Kommunikation während des Mediationsprozesses, die Zurverfügungstellung des geeigneten Rahmens für den Austausch von Perspektiven und das Finden von Kompromissen, die es den beteiligten Unternehmen ermöglichen, ihre jeweiligen Stärken zu nutzen und eine einheitliche Unternehmenskultur zu entwickeln.

Jeder Bereich bringt spezifische Herausforderungen mit sich, aber es gibt auch gemeinsame Erfolgsfaktoren. Dazu gehören unter anderem die Fähigkeit des Mediators, neutral und unvoreingenommen zu sein, die Schaffung einer vertraulichen und sicheren Umgebung, in der die Parteien frei sprechen können, und die Förderung eines kooperativen Ansatzes zur Konfliktlösung, der auf die individuellen Bedürfnisse und Interessen der Beteiligten eingeht.

Durch die Berücksichtigung dieser spezifischen Herausforderungen und Erfolgsfaktoren kann die Wirtschaftsmediation in den einzelnen Bereichen effektiv eingesetzt werden, um Konflikte zu bewältigen und nachhaltige Lösungen zu finden. Es ist wichtig, dass Mediatoren sich auf die spezifischen Anforderungen des jeweiligen Bereichs einstellen und maßgeschneiderte Ansätze entwickeln, um optimale Ergebnisse zu erzielen.

Die Zukunft der Wirtschaftsmediation

Die Zukunft der Wirtschaftsmediation ist vielversprechend, da die Nachfrage nach effektiven Konfliktlösungsmethoden in der Geschäftswelt weiterhin steigt. Die Wirtschaftsmediation hat sich als wirksames Mittel zur Lösung von Konflikten erwiesen, da sie auf Kooperation und Konsensbildung abzielt und den Fokus auf die Bedürfnisse und Interessen aller beteiligten Parteien legt.

In einer sich ständig verändernden Geschäftswelt, in der komplexe Beziehungen und unterschiedliche Interessen im Spiel sind, bietet die Wirtschaftsmediation einen Mehrwert. Sie ermöglicht es den Parteien, Konflikte schneller und kosteneffektiver zu lösen, anstatt lange und teure rechtliche Streitigkeiten zu führen. Unternehmen erkennen zunehmend die Vorteile der Mediation bei der Aufrechterhaltung von Geschäftsbeziehungen, der Verbesserung der Mitarbeiterzufriedenheit und dem Schutz des Unternehmensrufs.

Die Zukunft der Wirtschaftsmediation wird auch durch technologische Entwicklungen beeinflusst. Die Nutzung virtueller Mediationstools und Online-Plattformen ermöglicht es den Parteien, Mediation auch über große Entfernungen hinweg effektiv durchzuführen. Dies eröffnet neue Möglichkeiten für internationale Mediationen und erleichtert den Zugang zu Mediationsdiensten.

Darüber hinaus gewinnt die Mediation an Anerkennung in der juristischen Gemeinschaft. Immer mehr Juristen integrieren Mediation als Zusatzqualifikation in ihre berufliche Laufbahn.
Dieser Trend trägt zur Verbreitung der Mediation als bevorzugtes Mittel der Konfliktlösung bei. Eine verstärkte Zusammenarbeit zwischen der Justiz und der Mediation kann dazu beitragen, die Akzeptanz und Anwendung der Mediation weiter zu fördern.

Insgesamt wird die Wirtschaftsmediation auch in Zukunft eine wichtige Rolle in der Geschäftswelt spielen. Sie bietet eine effiziente und kooperative Methode zur Lösung von Konflikten und fördert die Zusammenarbeit und Verständigung zwischen den Parteien.

Die zunehmende Nachfrage nach alternativen Streitbeilegungsverfahren und die kontinuierliche Weiterentwicklung der Mediation als Berufsfeld deuten darauf hin, dass die Wirtschaftsmediation weiterhin wachsen und sich weiterentwickeln wird, um den Bedürfnissen der Unternehmen gerecht zu werden.

Wirtschaftsmediation in einer sich verändernden Geschäftswelt

In einer sich verändernden Geschäftswelt bieten sich zahlreiche Möglichkeiten und Potenziale für die Anwendung der Wirtschaftsmediation.

Eine der wichtigsten Möglichkeiten ist die effektive Bewältigung von Konflikten in immer komplexeren Geschäftsbeziehungen. Veränderungen in der Wirtschaft, wie Internationalisierung, globale Lieferketten und kulturelle Vielfalt, haben zu einer Zunahme von Spannungen, Missverständnissen und Konflikten geführt.

Die Wirtschaftsmediation ermöglicht es Unternehmen, diese Konflikte effizient und kooperativ zu lösen, um eine positive Arbeitsumgebung und gute Geschäftsbeziehungen aufrechtzuerhalten.

Ein weiteres Potenzial der Wirtschaftsmediation liegt in der Unterstützung von Innovation und Kreativität. Unternehmen, die auf innovative Lösungen und kooperative Zusammenarbeit setzen, können durch die Einbindung von Mediation eine verbesserte Kommunikation und Zusammenarbeit zwischen Mitarbeitern, Abteilungen und Unternehmen fördern. Die Mediation schafft einen Raum für den Austausch von Ideen, die Diskussion unterschiedlicher Perspektiven und die gemeinsame Entwicklung innovativer Lösungen.

Die Wirtschaftsmediation kann auch dazu beitragen, rechtliche und finanzielle Risiken zu minimieren. Konflikte können teuer sein, sei es durch langwierige Gerichtsverfahren, Schadenersatzforderungen oder Imageverlust. Durch eine frühzeitige Anwendung der Mediation können Unternehmen potenzielle Konflikte schneller identifizieren und angehen, um kostspielige und zeitintensive gerichtliche Auseinandersetzungen zu vermeiden.

In einer sich schnell verändernden Geschäftswelt eröffnet die Wirtschaftsmediation auch neue Chancen für Unternehmen. Durch den Einsatz von Mediation können Unternehmen ihre Flexibilität und Anpassungsfähigkeit stärken, da sie auf Veränderungen und Konflikte proaktiv reagieren können. Dies ermöglicht es Unternehmen, schnellere und gewinnbringende Entscheidungen zu treffen und sich erfolgreich den Herausforderungen einer sich wandelnden Geschäftswelt zu stellen.

Insgesamt bietet die Wirtschaftsmediation in einer sich verändernden Geschäftswelt zahlreiche Möglichkeiten und Potenziale. Durch ihre kooperative und konsensorientierte Natur kann die Mediation Unternehmen helfen, Konflikte zu lösen, Innovation zu fördern, rechtliche und finanzielle Risiken zu minimieren und sich erfolgreich den Herausforderungen der Geschäftswelt anzupassen. Unternehmen, die die Vorteile der Wirtschaftsmediation erkennen und nutzen, haben die Möglichkeit, eine nachhaltige und harmonische Arbeitsumgebung aufzubauen und langfristig erfolgreich zu sein.

Implementierung und Nutzung von Wirtschaftsmediation

Um Wirtschaftsmediation erfolgreich in Unternehmen zu implementieren und zu nutzen, sind einige Empfehlungen zu befolgen:

1. Schaffung einer Unternehmenskultur der Konfliktlösung:

Unternehmen sollten eine Kultur fördern, in der Konflikte als normale Bestandteile von Arbeitsbeziehungen betrachtet werden. Offene Kommunikation und positive Einstellungen zur Konfliktlösung sollten gefördert werden, um den Einsatz von Mediation zu erleichtern.

2. Schulung von Mitarbeitern:

Es ist wichtig, dass Mitarbeiter über das Konzept und die Vorteile der Mediation informiert sind. Unternehmen können interne Schulungen und Workshops anbieten, um Mitarbeitern das Verständnis für den Mediationsprozess zu vermitteln und die Bereitschaft zur Nutzung der Mediation zu fördern.

3. Auswahl qualifizierter Mediatoren:

Unternehmen sollten qualifizierte Mediatoren engagieren, sei es intern oder extern. Mediatoren sollten über die erforderlichen Fähigkeiten, Kenntnisse und Erfahrungen verfügen, um Konflikte professionell zu moderieren und konstruktive Lösungen zu finden.

4. Entwicklung von Richtlinien und Verfahren:

Unternehmen sollten klare Richtlinien und Verfahren für den Einsatz von Mediation entwickeln. Dies umfasst Informationen zur Verfügbarkeit von Mediation, zum Prozessablauf, zur Vertraulichkeit und zu den Zuständigkeiten. Durch klare und transparente Richtlinien wird die Nutzung der Mediation gefördert und ein einheitlicher Ansatz geschaffen.

5. Integration der Mediation in bestehende Prozesse:

Unternehmen sollten Mediation in ihre bestehenden Konfliktlösungsstrategien und -prozesse integrieren. Dies kann eine frühzeitige Konflikterkennung und eine automatische Weiterleitung an Mediationsdienste beinhalten, um eine rechtzeitige Intervention zu ermöglichen.

6. Evaluierung und Weiterentwicklung des Mediationsprogramms:

Unternehmen sollten das Mediationsprogramm regelmäßig evaluieren und Feedback von den Mitarbeitern einholen. Basierend auf den Ergebnissen können Anpassungen und Verbesserungen vorgenommen werden, um sicherzustellen, dass die Mediation effektiv und den Bedürfnissen des Unternehmens gerecht wird.

Indem Unternehmen diese Empfehlungen befolgen, können sie optimal von der Implementierung und Nutzung von Wirtschaftsmediation profitieren. Die Mediation kann dazu beitragen, Konflikte effektiv zu lösen, Arbeitsbeziehungen zu verbessern und ein positiveres Arbeitsumfeld zu schaffen.

Es ist wichtig, eine langfristige Vision für die Nutzung der Wirtschaftsmediation zu haben und den Prozess kontinuierlich zu verbessern, um die Vorteile der Mediation vollständig zu realisieren.

Werkzeug zur Konfliktlösung

Nehmen Sie sich einen Moment Zeit, um über die Vorteile der Wirtschaftsmediation als Werkzeug zur Konfliktlösung nachzudenken. Die Wirtschaftsmediation bietet Ihnen die Möglichkeit, Konflikte auf kooperative und konsensorientierte Weise zu lösen, anstatt sich in rechtliche Streitigkeiten zu verwickeln.

Durch den Einsatz der Mediation zeigen Sie Ihren Mitarbeitern und Partnern, dass Sie bereit sind, auf ihre Bedürfnisse und Interessen einzugehen und nach gemeinsamen Lösungen zu suchen.

Die Mediation ermöglicht es Ihnen, effizientere und nachhaltigere Lösungen zu erzielen. Indem Sie alle beteiligten Parteien einbeziehen und auf eine offene Kommunikation setzen, schaffen Sie ein positives Arbeitsumfeld und fördern eine bessere Zusammenarbeit. Die Wirtschaftsmediation bietet auch Raum für Kreativität und Innovation, da Parteien gemeinsam neue Ansätze und Lösungen entwickeln können.

Einsatz von Wirtschaftsmediation stellt eine wertvolle Investition dar - sowohl in Bezug auf Zeit als auch auf Ressourcen. Der Prozess der Mediation kann Konflikte schneller und kostengünstiger lösen als traditionelle rechtliche Auseinandersetzungen. Darüber hinaus bietet die Mediation die Möglichkeit, langfristige Geschäftsbeziehungen zu erhalten und zu stärken, indem sie konstruktive Lösungen fördert, die für alle Parteien akzeptabel sind.

Es ist wichtig zu erkennen, dass Konflikte in Unternehmen und Organisationen unvermeidlich sind. Die Entscheidung, die Wirtschaftsmediation einzusetzen, ist ein Zeichen von Stärke und den Willen, schwierige Situationen aktiv anzugehen. Nutzen Sie diese Möglichkeit, um Ihr Unternehmen weiterzuentwickeln, indem Sie Konflikte lösen, Beziehungen stärken und ein harmonisches Arbeitsumfeld schaffen.

Wirtschaftsmediation als Werkzeug zur Konfliktlösung einzusetzen, zeigt Ihren Mitarbeitern, Kunden und Partnern, dass Sie ein Unternehmen sind, das bereit ist, Verantwortung zu übernehmen und auf eine kooperative und nachhaltige Herangehensweise setzt. Machen Sie den ersten Schritt und erkunden Sie, wie die Wirtschaftsmediation Ihr Unternehmen voranbringen kann. Nutzen Sie die Vorteile, fördern Sie eine positive Unternehmenskultur und schaffen Sie eine erfolgreiche Zukunft für Ihr Unternehmen.

Abschließende Gedanken

Die Wirtschaftsmediation spielt eine entscheidende Rolle für den gemeinsamen Erfolg von Unternehmen. Indem Konflikte auf kooperative und konsensorientierte Weise gelöst werden, schafft die Mediation ein Umfeld, in dem Unternehmen ihre Ziele effektiver verfolgen und positive Geschäftsbeziehungen aufrechterhalten können.

Die Bedeutung der Wirtschaftsmediation liegt darin, dass sie Unternehmen ermöglicht, Konflikte proaktiv anzugehen und frühzeitig zu lösen. Dies minimiert mögliche Störungen und ermöglicht es Unternehmen, sich auf ihre Kernkompetenzen zu konzentrieren und Geschäftschancen zu nutzen. Dies führt zu einer Steigerung der Effizienz und Produktivität und fördert den gemeinsamen Erfolg.

Darüber hinaus stärkt die Mediation die Arbeitsbeziehungen und schafft ein positives Betriebsklima. Konfliktlösung auf kooperative Weise fördert eine offene Kommunikation, das Teilen von Ideen und die Zusammenarbeit zwischen den Mitarbeitern. Das verbesserte Arbeitsumfeld trägt zu einer höheren Mitarbeiterzufriedenheit und -bindung bei und beeinflusst somit maßgeblich den Erfolg eines Unternehmens.

Die Wirtschaftsmediation hat auch eine strategische Bedeutung für Unternehmen, da sie langfristige Geschäftsbeziehungen aufrechterhält. Durch die Förderung von Konsens und Win-Win-Lösungen ermöglicht die Mediation Unternehmen, ihre Kunden, Lieferanten und Geschäftspartner zu unterstützen und langfristige Partnerschaften aufzubauen. Dies schafft Stabilität und Vertrauen in den Geschäftsbeziehungen und fördert den gemeinsamen Erfolg.

Insgesamt lässt sich sagen, dass die Wirtschaftsmediation eine wesentliche Rolle für den gemeinsamen Erfolg von Unternehmen spielt. Indem Konflikte konstruktiv gelöst werden, schafft die Mediation die Grundlage für ein harmonisches Arbeitsumfeld, effiziente Geschäftsprozesse und langfristige Partnerschaften. Unternehmen, die die Bedeutung der Wirtschaftsmediation erkennen und nutzen, verbessern ihre Wettbewerbsfähigkeit und Positionierung in einer dynamischen Geschäftswelt und schaffen eine Grundlage für nachhaltigen Erfolg.

Fragen und Antworten

Was ist Wirtschaftsmediation und wie kann sie Unternehmen zum Erfolg führen?

Wirtschaftsmediation ist ein strukturiertes Verfahren zur Konfliktlösung in Geschäfts- und Unternehmensumgebungen. Sie ermöglicht es den Parteien, konstruktive Lösungen zu finden und bietet Unternehmen die Möglichkeit, Konflikte effizient und nachhaltig zu bewältigen, was letztendlich zum Erfolg des Unternehmens beitragen kann.

Welche Vorteile bietet Wirtschaftsmediation für Unternehmen?

Wirtschaftsmediation bietet Unternehmen zahlreiche Vorteile, wie zum Beispiel die Reduzierung von Konflikten, die Verbesserung der Arbeitsbeziehungen, die Wahrung von Geschäftsbeziehungen, die Kosten- und Zeiteinsparungen im Vergleich zu gerichtlichen Verfahren sowie die Erhaltung von Reputation und Kundenzufriedenheit.

In welchen Bereichen der Unternehmensführung kann Wirtschaftsmediation eingesetzt werden?

Wirtschaftsmediation kann in verschiedenen Bereichen der Unternehmensführung eingesetzt werden, wie beispielsweise bei Vertrags- und Lieferantenkonflikten, Konflikten zwischen Geschäftspartnern, Teamkonflikten, internen Konflikten, Führungsproblemen und anderen geschäftsbezogenen Auseinandersetzungen.

Wie wählt man den richtigen Wirtschaftsmediator für ein Unternehmen aus?

Bei der Auswahl eines Wirtschaftsmediators ist es wichtig, eine fachkundige Person mit Erfahrung im Unternehmensumfeld, Kenntnissen über die Branche oder das spezifische Thema des Konflikts sowie gute Kommunikations- und Verhandlungsfähigkeiten zu berücksichtigen.

Wie vertraulich ist der Wirtschaftsmediationsprozess?

Der Wirtschaftsmediationsprozess ist in der Regel vertraulich. Alle Parteien und der Mediator verpflichten sich zur Vertraulichkeit, um eine offene Kommunikation zu ermöglichen und die Privatsphäre der beteiligten Unternehmen und Personen zu wahren.

Welche Rolle spielt der Wirtschaftsmediator bei der Lösung des Konflikts?

Der Wirtschaftsmediator agiert als neutraler Vermittler und unterstützt die Parteien bei der Kommunikation und beim Verständnis der Standpunkte und Interessen der anderen. Der Mediator fördert einen konstruktiven Dialog, identifiziert gemeinsame Interessen und hilft bei der Entwicklung von Lösungen.

Wie wird die Vereinbarung in einem Wirtschaftsmediationsverfahren getroffen?

Die Vereinbarung in einem Wirtschaftsmediationsverfahren wird von den Parteien selbst getroffen. Unterstützt durch den Mediator arbeiten sie zusammen, um eine Lösung zu finden, die ihren Bedürfnissen und Interessen entspricht. Die Vereinbarung kann rechtlich bindend und partizipativ entwickelt werden.

Wie kann ein Unternehmen Wirtschaftsmediation in seine Geschäftspraktiken integrieren?

Ein Unternehmen kann Wirtschaftsmediation in seine Geschäftspraktiken integrieren, indem es Richtlinien und Verfahren zur Mediation entwickelt, Führungskräfte und Mitarbeiter in Mediationsschulungen schult, Mediationsressourcen bereitstellt und eine Kultur der Konfliktlösung und Zusammenarbeit fördert.

Welche Kriterien können gemessen werden, um den Erfolg der Wirtschaftsmediation zu bewerten?

Der Erfolg der Wirtschaftsmediation kann anhand verschiedener Kriterien bewertet werden, wie zum Beispiel die erreichte Einigung, die Zufriedenheit der Parteien, die Wahrung der Geschäftsbeziehungen, die erzielten Kosteneinsparungen oder Zeitgewinne sowie die Nachhaltigkeit der Lösung.

Welche Rolle spielt Wirtschaftsmediation bei der Förderung einer positiven Unternehmenskultur?

Wirtschaftsmediation kann dazu beitragen, eine positive Unternehmenskultur zu fördern, indem sie den offenen Austausch von Ideen und Meinungen fördert, den Umgang mit Konflikten verbessert und zu einem rücksichtsvollen und wertschätzenden Arbeitsumfeld beiträgt.

Schlusswort

Mit diesem Buch habe ich versucht, Ihnen einen umfassenden Einblick in die Welt der Wirtschaftsmediation zu geben und Ihnen zu zeigen, wie Sie Konflikte in der Wirtschaft erfolgreich lösen können. Ich hoffe, dass Sie nun die transformative Kraft der Wirtschaftsmediation erkannt haben und verstehen, wie sie zu gemeinsamem Erfolg führen kann.

Die Wirtschaftsmediation ist ein machtvolles Werkzeug, um Kooperation und Zusammenarbeit zu fördern, Konflikte in der Wirtschaft konstruktiv anzugehen und eine Win-Win-Situation für alle Beteiligten zu schaffen. Sie bietet die Möglichkeit, gemeinsam Lösungen zu erarbeiten, bei denen alle Seiten ihre Interessen und Bedürfnisse berücksichtigt sehen.

In diesem Schlusswort möchte ich Sie ermutigen, das Erlernte aus diesem Buch in die Tat umzusetzen und die transformative Kraft der Wirtschaftsmediation in Ihren geschäftlichen Herausforderungen zu nutzen. Seien Sie mutig, flexibel und einfühlsam, um Konflikte anzugehen und langfristigen Erfolg für Ihr Unternehmen zu sichern.

Denken Sie daran, dass die Wirtschaftsmediation nicht nur ein Werkzeug zur Konfliktlösung ist, sondern auch eine Gelegenheit, Beziehungen zu stärken, Vertrauen aufzubauen und nachhaltiges Wachstum zu fördern. Nutzen Sie das Potenzial der Wirtschaftsmediation, um eine Kultur der Kooperation und des gemeinsamen Erfolgs in Ihrem Unternehmen zu etablieren.

Ich danke Ihnen für Ihre Zeit und Ihr Interesse an diesem Buch. Es war meine Absicht, Ihnen das Wissen und die Werkzeuge zu geben, um durch die Wirtschaftsmediation Höhenflüge in Ihrem Unternehmen zu erreichen. Ich hoffe, dass Sie die transformative Kraft der Wirtschaftsmediation für sich entdeckt haben und erfolgreich in Ihrem geschäftlichen Umfeld einsetzen können.

Möge dieses Buch Ihnen dabei helfen, Ihre Wirtschaftsmediation auf die nächste Stufe zu heben und gemeinsam den Weg zum Erfolg zu gehen. Ich wünsche Ihnen viel Erfolg und ein harmonisches und konfliktfreies Umfeld, in dem Zusammenarbeit, Innovation und Erfolg gedeihen.

Vielen Dank und alles Gute auf Ihrem Weg zur Nutzung der transformative Kraft der Wirtschaftsmediation für gemeinsamen Erfolg!

Meine Internetpräsenz

Um stets auf dem neuesten Stand zu bleiben, lieber Leser, können Sie jederzeit die Websites stelzhammer.info oder https://www.instagram.com/ stefan.stelzhammer besuchen und meine aktuellen Buchveröffentlichungen verfolgen.

In meinen Publikationen möchte ich Ihnen helfen, Ihre Konflikte eigenständig zu lösen und Ihnen dabei das erforderliche Wissen vermitteln. Zusätzlich stehe ich gerne für persönliche Termine zur Verfügung, um den Konflikt gemeinsam mit Ihnen zu besprechen.

Sofern Sie zu dem hier vorliegenden Werk Fragen, Anregungen, Lob oder Kritik haben, freuen wir uns über eine Kontaktaufnahme unter www.stelzhammer.info oder per E-Mail an mediation@stelzhammer.info.

Mit freundlichen Grüßen,
Stefan Stelzhammer

STEFAN.STELZHAMMER

Weiterführende Informationen

Als weiterführende Lektüre empfehle ich folgende Werke von mir zu lesen:

**Streitschlichtung leicht gemacht -
mit Mediation zum Erfolg**
// ISBN-13 : 979-8877499652

Streitschlichtung leicht gemacht - Mit Mediation zum Erfolg" ist der ultimative Leitfaden für Menschen, die lernen möchten, Konflikte auf eine konstruktive und effektive Weise zu bewältigen. Egal ob Sie in Ihrem persönlichen oder beruflichen Umfeld mit Konflikten konfrontiert werden - dieses Buch bietet Ihnen die Werkzeuge und Strategien, um Streitigkeiten schnell und nachhaltig zu lösen.

Egal ob es um Familienstreitigkeiten, Konflikte am Arbeitsplatz oder Auseinandersetzungen innerhalb der Gemeinschaft geht - dieses Buch bietet Ihnen eine praktische Anleitung, um Ihre Konflikte konstruktiv und erfolgreich zu lösen.

Alle meine Bücher finden Sie auch auf
www.amazon.de
oder unter
https://stelzhammer.info/publikationen

STEFAN STELZHAMMER

"Gemeinsam zum Erfolg - Wirtschaftsmediation schafft einen Raum, in dem Konflikte in wertvolle Chancen für Zusammenarbeit und Innovation verwandelt werden. Indem wir Hindernisse überwinden, verschiedene Perspektiven respektieren und gemeinsam nach Lösungen suchen, können wir harmonische Arbeitsbeziehungen aufbauen und das volle Potenzial unseres Unternehmens ausschöpfen. Die Wirtschaftsmediation ist der Schlüssel, der uns den Weg zu nachhaltigem Erfolg ebnen kann."

www.ingramcontent.com/pod-product-compliance
Lightning Source LLC
Chambersburg PA
CBHW071059290526
45795CB00004B/1568